AF339322

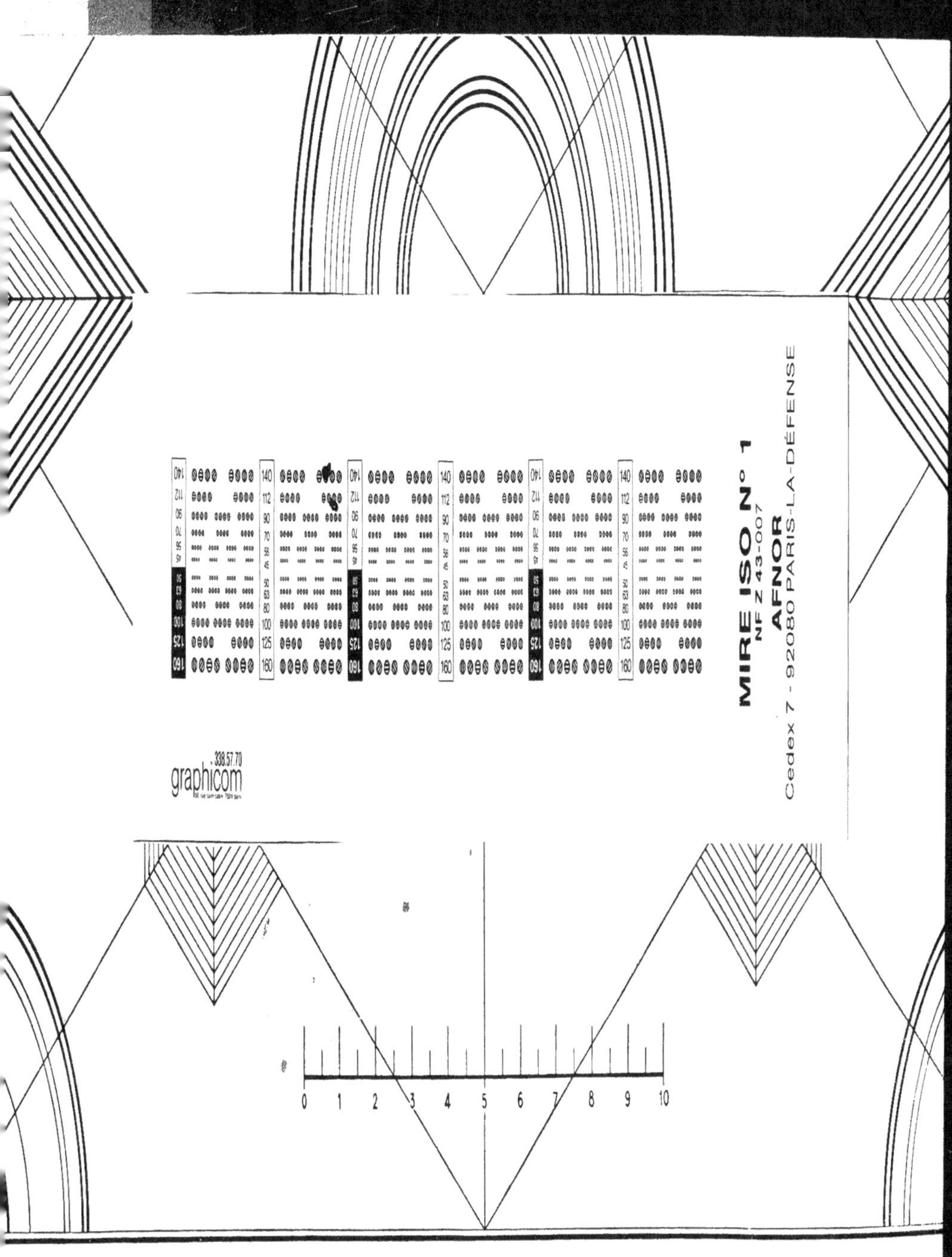
MIRE ISO N° 1
NF Z 43-007
AFNOR
Cedex 7 - 92080 PARIS-LA-DÉFENSE
graphicom
338.57.70
0 1 2 3 4 5 6 7 8 9 10
SERVICE PHOTOGRAPHIQUE

PHOT. BIBL. NAT. PARIS
REPRODUCTION INTERDITE SANS AUTORISATION.

LES OEUVRES PROTÉGÉES PAR LA LÉGISLA-
TION SUR LA PROPRIÉTE LITTÉRAIRE ET ARTISTI-
QUE (LOI DU 11 MARS 1957) NE PEUVENT ÊTRE
REPRODUITES SANS AUTORISATION DE L'AUTEUR
OU DE SES AYANTS DROIT.

DANS L'INTÉRÊT DE LA RECHERCHE LA BIBLIO-
THÈQUE NATIONALE TIENT UN FICHIER DES TRAVAUX
RELATIFS AUX MANUSCRITS QU'ELLE CONSERVE.

ELLE PRIE LES UTILISATEURS DU PRÉSENT
MICROFILM DE LUI SIGNALER LES ÉTUDES
QU'ILS ENTREPRENDRAIENT ET PUBLIERAIENT A
L'AIDE DE CE DOCUMENT.

BIBLIOTHÈQUE NATIONALE

SERVICE PHOTOGRAPHIQUE

PARIS

DÉPARTEMENT DES IMPRIMES

8·X 9088

en tier

R 107939

cd 15833   7   x 71 Vols

10 11   95

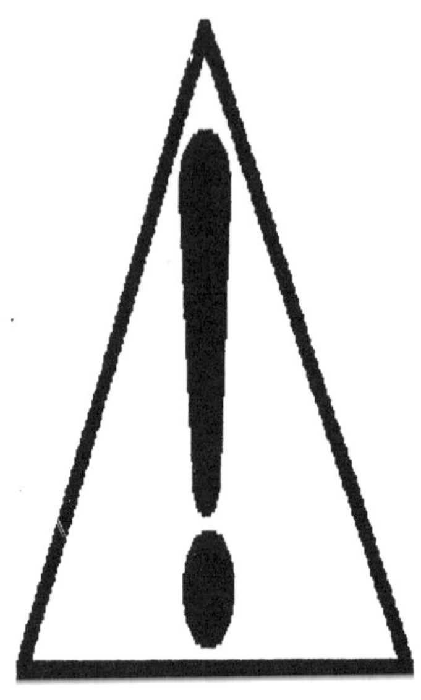

CE DOCUMENT A ÉTÉ MICROFILMÉ
TEL QU'IL A ÉTÉ RELIÉ

48

Méthode

DE

Lecture et de Langage

A L'USAGE

des élèves indigènes et étrangers des Colonies françaises.

PAR

L. MACHUEL

Troisième Livret

Nouvelle édition illustrée (15ᵉ)

Librairie Armand Colin
5, rue de Mézières, Paris.

8°
9088

MÉTHODE

DE

LECTURE ET DE LANGAGE

A L'USAGE

des Élèves indigènes et étrangers des Colonies françaises

PAR

L. MACHUEL

Inspecteur général de l'Instruction publique,
Directeur de l'Enseignement public en Tunisie.

LECTURE, GRAMMAIRE, GÉOGRAPHIE

TROISIÈME LIVRET

ILLUSTRÉ DE 88 GRAVURES

NOUVELLE ÉDITION (15e)

PARIS

LIBRAIRIE ARMAND COLIN

5, RUE DE MÉZIÈRES, 5

1902

Tous droits réservés.

A LA MÊME LIBRAIRIE

MÉTHODE MACHUEL

Méthode de Lecture et de Langage, *à l'usage des élèves indigènes et étrangers des Colonies françaises,* par M. L Machuel, inspecteur général de l'Université, directeur de l'Enseignement public en Tunisie :

Premier Livret. Un vol. in-12, cartonné........................ » 75
Deuxième Livret. Un vol. in-12, cartonné....................... » 90
Troisième Livret. Un vol. in-12, cartonné...................... 1 50
Deux tableaux in-folio. Chaque tableau, en feuille.............. 1 50
Chaque tableau, collé sur toile avec gorge et rouleau.......... 6 »
Les 2 tableaux collés aux deux faces d'un carton bordé......... 6 »

Leçons de Langage *aux élèves indigènes* qui fréquentent les écoles françaises de nos Colonies, par M. L. Machuel. Un volume in-12, cartonné................................ .... » 90

Coulommiers. — Imp. Paul BRODARD. — 784-1901.

AVERTISSEMENT

BIBLIOTHÈQUE NATIONALE — R.F. — IMPRIMÉS

Ce *Troisième livret* est la suite logique de notre
Cours de Lecture et de Langage auquel le public sco-
laire des colonies a fait un accueil particulièrement
favorable.

L'élève, familiarisé avec le sens d'un grand nombre
de mots et les difficultés de la lecture mécanique et
de la prononciation, est prêt à aborder la lecture courante et l'étude de la grammaire.

Nous ne nous sommes donc plus préoccupé que de
graduer, par ordre de difficultés, des textes choisis
parmi les plus attrayants et les plus instructifs. Des
dialogues suivent ces textes, les commentant, les
éclairant, habituant l'élève à la *conversation*. Une
dictée d'imitation, faite à l'aide des mots contenus
dans les textes, lui fait apprendre l'orthographe
d'usage. L'orthographe grammaticale lui est ensei-
gnée graduellement à l'aide de règles très simples
tirées des textes eux-mêmes. L'élève étudie ainsi sans
effort et comme à son insu les verbes, les pronoms,
les adjectifs et les règles fondamentales qui se rap-
portent à ces différentes sortes de mots.

Fidèle au programme que nous nous sommes
tracé, nous nous sommes efforcé de *faire simple* et
de laisser les différentes matières de l'enseignement
découler les unes des autres. C'est ainsi que l'élève
trouvera, au cours de cet ouvrage, les premières

notions de sciences usuelles et de géographie présentées d'une façon intéressante et toujours claire. Nous avons supprimé dans cette nouvelle édition les leçons d'arithmétique et de système métrique ainsi que les problèmes.

Ce *Troisième livret* ne doit pas être utilisé comme un *simple livre de lecture :* il doit servir à la lecture d'abord, mais aussi au langage, à la copie, à la grammaire, à la rédaction. Par suite, tous les textes devront être appris par cœur après avoir été soigneusement expliqués. Ce livret convient aussi, avons-nous dit, à la rédaction. Il renferme en effet des exercices d'invention ; les questionnaires qui suivent les textes peuvent être traités par écrit ; on peut aussi donner à décrire les objets, les animaux, les personnes dont il est question dans les textes, surtout lorsqu'ils font l'objet d'une vignette. Aussi conseillons-nous de ne pas mettre d'autres livres entre les mains des élèves, à l'exception d'une arithmétique élémentaire, tant qu'ils n'auront pas étudié ce livret en entier et même revu au moins une fois.

Les améliorations que nous avons apportées à ce *Troisième livret*, les corrections dont il a été l'objet, et l'addition de nombreuses gravures en ont fait, nous l'espérons, un ouvrage répondant tout à fait au but que nous avons poursuivi, qui est d'amener les enfants d'origine étrangère qui fréquentent les écoles de nos colonies à apprendre le plus rapidement possible notre langue et à la posséder suffisamment bien, au bout de deux ou trois années d'étude, pour pouvoir se servir des ouvrages publiés en France pour les écoles primaires.

MÉTHODE
DE LECTURE ET DE LANGAGE

TROISIÈME LIVRET

PREMIÈRE LEÇON

TEXTE[1]

Adroite réponse.

On raconte qu'une vieille femme arabe
conduisait un âne chargé d'outres remplies d'eau qu'elle
venait de puiser
à la rivière. Un
jeune garçon
espiègle, passant
près d'elle, lui
dit : « Bonjour,
la mère à l'âne.

Vieille femme arabe et son âne.

— Bonjour, mon fils », lui répondit-elle.

1. Chaque texte sera lu à plusieurs reprises par les élèves et
par le maître. Il sera ensuite expliqué avec le plus grand

Mots renfermés dans ce texte :

une femme	bonjour	on raconte
un âne	rempli de	elle conduisait
une outre	chargé de	elle venait
une eau	espiègle	elle répondit
une rivière	vieille	passant
un garçon	vieux	prendre
une mère	jeune	
un fils	arabe	

Conversation.

— Avez-vous compris cette petite anecdote?

— Oui, monsieur, je l'ai comprise.

— Moi, monsieur, je ne l'ai pas comprise.

— Je vais vous l'expliquer. Répondez d'abord à mes questions. Qui est-ce qui conduisait un âne?

— Une femme arabe conduisait un âne.

— Comment était-elle, cette femme arabe?

— Elle était vieille.

— D'où venait-elle?

— Elle venait de la rivière.

— Qu'avait-elle mis sur son âne?

— Elle avait mis des outres sur son âne.

— Ces outres étaient-elles vides ou pleines?

— Ces outres étaient remplies d'eau.

— Où la vieille femme avait-elle pris cette eau?

soin, puis donné en leçon aux enfants qui devront l'apprendre par cœur. — Nous faisons le vocabulaire des premiers textes pour habituer l'élève à reconnaître les différents mots qui composent une phrase. Cet exercice, qui facilitera singulièrement l'étude de la grammaire, devra être fait aussi longtemps que les élèves ne sauront pas distinguer eux-mêmes rapidement les divers éléments lexicologiques de la phrase.

— Elle avait pris cette eau à la rivière.

— L'âne était-il chargé?

— L'âne était chargé car les outres étaient pesantes.

— Qui passa près de cette femme?

— Un enfant passa près de cette femme.

— Comment était-il, cet enfant?

— Il était jeune et espiègle.

— Que dit-il à la vieille femme?

— Il lui dit : « Bonjour, la mère à l'âne. »

— Que répondit la femme arabe?

— Elle lui répondit : « Bonjour, mon fils. »

— Pourquoi lui dit-elle « mon fils? »

— Ah! je comprends, monsieur. Elle lui dit « mon fils » parce que l'enfant, qui était espiègle, avait voulu se moquer d'elle en lui disant « la mère à l'âne ».

— C'est cela, vous avez compris. Dites-moi, mon ami, l'enfant avait-il raison de se moquer de cette pauvre femme?

— Non, monsieur, car il ne faut jamais se moquer des personnes âgées.

Dictée d'imitation [1].

Nota. — Une dictée d'imitation est une dictée composée à l'aide des mots et des expressions contenues dans le texte. L'élève en a retenu d'autant plus facilement

1. Comme devoir écrit, l'élève copiera sur un cahier le texte et la liste des mots renfermés dans ce texte. La dictée d'imitation, lue et expliquée d'abord par le professeur, sera faite et corrigée en classe, puis reportée sur le cahier à la suite de la copie du texte.

l'orthographe qu'il a appris le texte par cœur. Le maître peut varier à son gré ce genre de dictées.

Une vieille femme conduisait un âne. L'âne était chargé d'outres. Chaque outre était remplie d'eau. L'eau venait de la rivière. Un enfant passa près de cette femme. Cet enfant dit bonjour à la femme. La femme dit aussi bonjour à l'enfant. La vieille femme était la mère de l'enfant. Cet enfant n'était pas le fils de la femme arabe. L'âne portait une outre remplie d'eau que l'enfant venait de prendre à la rivière. L'âne était vieux.

GRAMMAIRE[1]

Quand je dis : *Une vieille femme conduisait un âne chargé d'outres remplies d'eau*, je fais une **phrase**.

Une **phrase** se compose de **mots**.

Les **mots** se composent de **lettres**.

Les **lettres** se divisent en **voyelles** et en **consonnes**.

Leur réunion forme l'**alphabet**.

L'alphabet français renferme 25 *lettres* qui sont[2] : a, b, c, d, e, f, g, h, i, j, k, l, m, n, o, p, q, r, s, t, u, v, x, y, z.

Il y a 6 *voyelles :* a, e, i, o, u, y.

Il y a 19 *consonnes :* b, c, d, f, g, h, j, k, l, m, n, p, q, r, s, t, v, x, z.

---

1. Les premières leçons de grammaire seront expliquées à l'enfant dans sa langue maternelle, afin qu'il en comprenne bien le sens. Le professeur arrivera progressivement à ne se servir que de la langue française. Toutes les leçons de grammaire devront être apprises de mémoire.

2. On fera appeler les lettres par leur nom : *bé, cé, dé, effe*, etc.

EXERCICE DE LECTURE

L'enfant studieux.

Félix aime l'étude : c'est un enfant studieux. Le matin, il se lève de bonne heure pour apprendre ses leçons. Il n'arrive jamais en retard à l'école : il est exact. En classe, il écoute toujours ce que dit le professeur : il est atten-tif. Lorsque le maître lui ordonne de faire quelque chose, il s'empresse d'obéir : il est docile.

Félix sait déjà bien lire et bien écrire en français et dans sa langue maternelle.

Enfant studieux.

Il commence même à parler facilement le français. Aussi tout le monde aime cet enfant qui fait la joie de ses parents. Chaque semaine, Félix reçoit une récompense, pour son travail et sa bonne conduite, du directeur de l'école qui est heureux d'avoir un pareil élève.

Enfants, imitez tous le jeune Félix.

Nota. — Le maître fera lire ce morceau à tour de rôle par plusieurs élèves en surveillant la prononciation et la diction. Il l'expliquera ensuite soigneusement et ques-tionnera les enfants sur le sens des mots et des expres-sions. Il les habituera peu à peu à répéter le texte de mémoire après avoir fait fermer les livres.

2ᵉ LEÇON

TEXTE

Le nécessaire avant l'agréable.

« Y a-t-il parmi les animaux une espèce plus utile que la nôtre? demanda un jour l'abeille à l'homme.

Ruches et abeilles dans un jardin.

—Certainement, répondit celui-ci.

— Et laquelle?

— C'est la brebis, car la laine de cet animal m'est nécessaire, tandis que ton miel ne m'est qu'agréable. »

Nous devons toujours penser au nécessaire et à l'utile avant de songer à l'agréable.

Mots renfermés dans ce texte :

un animal	la laine	parmi
des animaux	le miel	avant
une espèce	nécessaire	avant de
un jour	agréable	tandis que
une abeille	utile	certainement
un homme	il demanda	toujours
une brebis	il répondit	

Conversation.

— Quel est le titre de cette anecdote ?

— Le nécessaire avant l'agréable.

— Comprenez-vous ce que cela veut dire ?

— Oui, monsieur. Cela veut dire que l'homme doit rechercher ce qui lui est nécessaire avant de songer à l'agréable.

Les brebis.

— En effet, mes enfants, le miel est agréable au goût, mais il n'est pas nécessaire. La laine, au contraire, sert à faire des étoffes utiles.

— Le sucre aussi, monsieur, est agréable ; mais il n'est pas nécessaire, tandis que le sel est très nécessaire.

— Vous avez raison, mon ami. Je vois que vous avez tous compris le sens de cette anecdote. Répondez maintenant à mes questions : Quel est l'animal qui parle à l'homme ?

— C'est l'abeille.

— Que lui demande-t-elle ?

— Elle lui demande s'il y a parmi les animaux une espèce plus utile que celle des abeilles.

— Que lui répond l'homme ?

— L'homme lui répond que la brebis est plus utile qu'elle, parce que la brebis lui donne de la laine.

— Que fait l'homme avec la laine de la brebis ?

— Il fait des étoffes, et, avec ces étoffes, il confectionne des vêtements pour se couvrir.

— Savez-vous, mes enfants, ce que je pense de l'abeille ?

— Non, monsieur. Dites-nous, s'il vous plaît, ce que vous pensez de l'abeille.

— Je pense, mes amis, que c'était une orgueilleuse, car elle croyait qu'elle était plus utile à l'homme que les autres animaux.

— Vous avez raison, monsieur. Il ne faut pas être orgueilleux.

Dictée d'imitation.

La brebis est un animal utile à l'homme. L'abeille aussi est un animal utile. La brebis et l'âne sont des animaux. On raconte qu'une brebis parla à l'homme et lui dit : « Je te donne ma laine qui est utile. Il faut prendre ma laine, car elle est blanche. » Nous devons prendre le miel de l'abeille, car il est agréable. Un âne chargé de laine passa près de moi dans la rue. Nous devons penser toujours à notre mère et à notre père. Avant de penser à nous, nous devons penser à notre vieille mère et à notre vieux père.

GRAMMAIRE

Les *voyelles* sont souvent surmontées d'un **accent**
Il y a trois sortes d'*accents :*
L'*accent* **aigu** qui a cette forme (´). Ex : **chargé**
L'*accent* **grave** qui a cette forme (`). Ex : **mère, père, rivière.**
L'*accent* **circonflexe** qui a cette forme (^). Ex : **tête, âne, bête.**

E, sans accent, s'appelle *e muet*.

On met aussi sur les voyelles le **tréma** qui a cette forme (¨) lorsqu'on veut indiquer que chaque voyelle doit être prononcée isolément. Ex. : **haïr**.

La consonne **h** se prononce au commencement de certains mots et ne se prononce pas dans d'autres. L'**h** est **aspiré** quand il se prononce. Ex. : *la hache*; il est **muet** quand il ne se prononce pas. Ex. : *l'homme*.

Exercices.

1° Exercer les élèves à épeler de vive voix. Faire épeler le deuxième texte.

2° L'élève écrira : — 1° Cinq mots commençant par une voyelle; — 2° Cinq mots commençant par une consonne; — 3° Cinq mots ayant un accent grave sur l'une de leurs voyelles; — 4° Cinq mots ayant un accent circonflexe; — 5° Cinq mots ayant un accent aigu. (Ces mots devront être pris dans les textes précédents.)

EXERCICE DE LECTURE

L'enfant paresseux.

Joseph n'aime pas le travail : il est paresseux. Le matin, il se lève tard, et, lorsqu'il arrive à l'école, ses camarades sont déjà en classe. Il ne sait jamais ses leçons et fait mal ses devoirs, quand il les fait. Souvent il fait semblant d'être malade pour ne pas aller à l'école. En classe, il n'écoute pas le professeur : il est inattentif et distrait. Aussi est-il puni presque tous les jours.

Joseph ne sait pas encore lire, ni en français,
ni dans sa langue maternelle. Il ne sait pas écrire
non plus. Ses pauvres parents sont bien malheureux d'avoir un pareil enfant. Le directeur de

Joseph est paresseux.

Joseph arrive en retard
à l'école.

l'école sera obligé de renvoyer un jour Joseph,
qui restera ignorant toute sa vie.

Enfants, n'imitez pas Joseph, car c'est honteux
d'être ignorant.

3ᵉ LEÇON

TEXTE

Le moucheron et le taureau.

Un moucheron se posa un jour sur la
corne d'un taureau. S'imaginant qu'il le
fatiguait par son poids, il lui dit :

« Si tu me trouves trop pesant, ne

crains pas de me le dire, je m'envolerai.

— Je ne sais même pas où tu es posé, répondit l'animal, et je ne m'apercevrai pas de ton départ lorsque tu t'envoleras. Comment donc pourrais-tu me gêner par ton poids ? »

Taureau dans les champs.

L'orgueilleux s'imagine toujours qu'il est remarqué par tout le monde, tandis que, le plus souvent, on ne fait pas attention à lui.

Mots renfermés dans ce texte :

un moucheron
un taureau
une corne
un poids
un départ
un monde
une attention
pesant
orgueilleux
il se posa

tu es posé
il fatiguait
tu trouves
crains
il s'imagine
s'imaginant
il dit
dire
je m'envolerai
tu t'envoleras

je m'apercevrai
tu pourrais
gêner
il est remarqué
on fait
comment
donc
souvent

EXPRESSIONS. — **Un moucheron se posa sur la corne d'un taureau.** *Un oiseau se posa sur l'arbre. Une abeille se posa sur la table.* — **Je ne sais pas où tu es posé.** *Je ne sais pas où prendre du miel. Je ne sais pas où est notre âne. Je ne sais pas où la femme* *arabe conduisait son âne.* — **Comment pourrais-tu me gêner?** *Comment pourrais-tu prendre une abeille? Comment pourrais-tu dire cela?* — **L'orgueilleux s'imagine qu'il est remarqué.** *Cette vieille s'imagine qu'elle est forte. L'abeille s'imagine que son miel est plus utile que la laine de la brebis.* — **On ne fait pas attention à lui.** *On ne fait pas attention à toi. Cet homme ne fait pas attention à sa vieille mère. Ce jeune garçon ne fait pas attention au taureau qui est près de lui.*

GRAMMAIRE

Souvent, à la fin des mots, certaines lettres ne se prononcent pas [1]. Ainsi *s* ne se prononce pas à la fin des mots suivants : *brebis, poids, matelas,* etc.; — *x* ne se prononce pas à la fin des mots suivants : *vieux, orgueilleux, voix,* etc.; — *t* ne se prononce pas à la fin des mots suivants : *départ, chat, petit,* etc.; — *e* ne se prononce pas à la fin des mots suivants : *maladie, fumée, il joue,* etc.

Le son *f* s'écrit quelquefois *ph;* ex. : *éléphant*. La lettre *h* se trouve aussi dans certains mots, principalement après la consonne *t,* mais ne se prononce pas.

Le son *è* s'écrit aussi *ai, ei, ay, ey, et, ez, es, er* [2].

Le son *o* s'écrit aussi *au, eau, aux, eaux*.

Le son *e* s'écrit aussi *eu, œu*.

Le son *an* s'écrit aussi *en, ean, am, em*.

Le son *in* s'écrit aussi *ain, ein, en, im, eim, yn, ym,* etc.

---

1. Faire relire aux élèves le tableau de la 3e catégorie de mots (1er livret).

2. Faire relire aux élèves le tableau de la 9e catégorie de mots (2e livret) ainsi que les mots et les phrases qui en sont l'application.

Dictée d'imitation.

L'abeille se posa sur la corne du taureau. Une jeune femme conduisait un taureau près de la rivière. Le taureau est un animal méchant. Le moucheron s'imagine qu'il est pesant. Ce moucheron est orgueilleux. Le taureau ne fait pas attention à lui. Si tu trouves que ce miel est bon, ne crains pas de le dire. Nous devons dire toujours la vérité. Le poids des outres remplies d'eau fatiguait l'âne. Si tu trouves que ce garçon est orgueilleux, ne crains pas de le dire à sa mère.

EXERCICE DE LECTURE

L'enfant propre.

Félix est un enfant propre. Le matin, dès qu'il

Une chambre à coucher.

est sorti du lit, il se lave avec du savon la figure, les oreilles, le cou et les mains. Il s'essuie ensuite avec une serviette; puis il se peigne avec soin en se regardant dans la glace.

Il nettoie ses souliers lui-même et brosse ses habits.

Quand il écrit, il évite de tacher ses doigts avec de l'encre. Il soigne bien ses livres et ses cahiers qu'il range dans son pupitre ou dans son cartable, lorsqu'il a fini de travailler.

Quand il joue, il fait attention de ne pas salir ses vêtements et de ne pas les déchirer.

Enfants, soyez toujours propres : vous éviterez ainsi bien des maladies. Soignez vos effets : vous éviterez bien des dépenses à vos bons parents.

4ᵉ LEÇON

TEXTE

Réponse d'un enfant.

Un monsieur âgé se trouvait, un soir, dans une réunion où il y avait un jeune enfant qui amusait tout le monde par ses réponses spirituelles. Le monsieur dit alors à l'un de ses voisins :

« Ordinairement, les enfants spirituels deviennent plus tard des hommes sots. »

L'enfant entendit ces paroles et dit alors :

« Monsieur, vous aviez sans doute beaucoup d'esprit quand vous étiez jeune. »

N'imitez pas cet enfant qui était mal élevé. Un enfant doit toujours être poli et respectueux envers les personnes âgées.

Mots renfermés dans ce texte :

une réponse	spirituel	il amusait
un soir	sot	ils deviennent
une réunion	élevé	imitez
un voisin	bien élevé	n'imitez pas
une parole	mal élevé	ordinairement
un doute	poli	alors
une personne	respectueux	beaucoup
un esprit	il se trouvait	envers
âgé	il y avait	plus tard.

EXPRESSIONS. — **Un monsieur âgé.** *Une femme âgée. Un vieux monsieur. Une vieille femme. Un vieillard. Un homme âgé. Une vieille maison.* — **Les enfants spirituels deviennent plus tard des hommes sots.** *Les enfants studieux deviennent plus tard des savants. Les enfants travailleurs deviennent plus tard des hommes utiles.* — **N'imitez pas cet enfant qui était mal élevé.** *Imitez cet enfant qui est bien élevé. N'imitez pas cet homme qui est un sot. N'imitez pas le fils de votre voisin, car c'est un espiègle.*

QUESTIONNAIRE. — *Où se trouvait un monsieur âgé? — Était-ce le jour ou le soir? — Y avait-il beaucoup de monde à cette réunion? — Comment l'enfant*

*amusait-il tout le monde? — Que dit le monsieur âgé
à l'un de ses voisins? — Avait-il raison de dire cela?
— Les enfants spirituels deviennent-ils toujours plus
tard des hommes sots? — L'enfant entendit-il les
paroles du vieillard? — Que dit l'enfant au vieillard
en entendant ses paroles? — Que signifient ces paroles
de l'enfant? — L'enfant a-t-il été respectueux en
répondant ainsi au vieillard?*

Dictée d'imitation.

Notre voisin est un homme âgé. L'enfant qui se
trouvait dans la réunion était spirituel mais espiègle.
Ce garçon amusait tout le monde par ses paroles spirituelles. Votre fils fatiguait tout le monde par ses
réponses. Les enfants bien élevés deviennent toujours
des hommes agréables. Imitez cet enfant qui est bien
élevé. Un garçon bien élevé doit toujours être respectueux envers tout le monde. On fait attention à un
enfant spirituel, mais l'enfant sot n'est pas remarqué.

GRAMMAIRE

Dans un texte, on sépare les phrases ou les parties
de phrase à l'aide de signes qu'on appelle *signes de
ponctuation*. Ces signes sont [1] :
  Le point [.];
  La virgule [,];
  Le point-virgule [;];
  Le deux-points [:];
  Le point d'interrogation [?];
  Le point d'exclamation [!];
  Les guillemets [« ....»];
  Les parenthèses [(....)];
  Le tiret [—].

1. Revoir *la leçon de lecture* (2ᵉ livret, lecture courante).

Exercice.

Faire épeler le texte de cette leçon en faisant nommer tous les signes de ponctuation.

EXERCICES DE LECTURE

L'enfant obéissant et l'enfant désobéissant.

Félix obéit toujours à ses parents et à ses professeurs ; c'est un enfant obéissant et docile. On n'a pas besoin de lui répéter plusieurs fois la même chose. Quand on lui donne un ordre, il l'exécute tout de suite.

Quand sa mère le charge d'une commission, il s'empresse de la faire. Lorsqu'on lui dit : « Félix, fais telle chose, va à tel endroit », il répond immédiatement : « Oui, monsieur, » ou bien : « Oui, mon père, » sans faire la moindre observation.

Joseph, au contraire, est désobéissant et indocile. Ses parents sont obligés de le gronder et quelquefois même de le frapper pour lui faire exécuter un ordre. Souvent il répond à son professeur : « Je ne veux pas faire cette commission ; non ! je ne la ferai pas. » C'est vilain de répondre ainsi à ses maîtres !

Enfants, habituez-vous à obéir pour pouvoir commander plus tard.

L'enfant aimant et respectueux.

Félix aime bien son père et sa mère. Il évite de leur causer du chagrin, car il sait qu'ils ont bien de la peine à l'élever. Son père est obligé de travailler toute la journée pour pouvoir nourrir sa famille, et, le soir, il rentre à la maison harassé de fatigue. Sa mère est occupée sans cesse aux soins du ménage et se donne beaucoup de mal.

Félix parle toujours à ses parents avec respect. Le matin, dès qu'il est levé, il court les embrasser en leur disant « bonjour ».

Jamais il ne sort de la maison sans demander la permission à son père ou à sa mère.

Félix respecte aussi les vieillards et les personnes infirmes. Je l'ai vu l'autre jour condui-

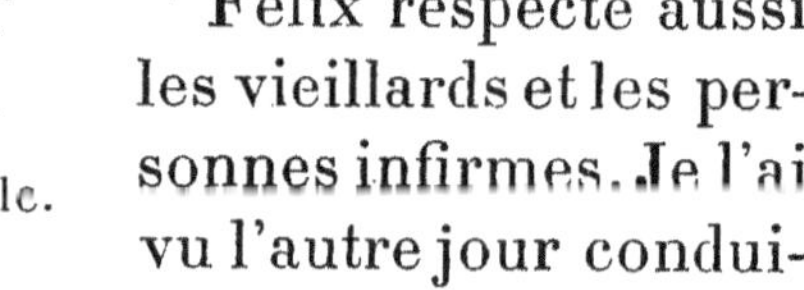

Félix conduisant un aveugle.

sant un aveugle qui voulait traverser la rue et qui ne savait de quel côté passer. Félix l'avait pris par la main et le guidait à travers la foule.

Enfants, aimez bien vos parents et respectez-les. Respectez aussi les infirmes et les personnes agées.

5e LEÇON

TEXTE

Le lièvre et la tortue.

Rien ne sert de courir, il faut partir à point.

Une tortue défia un jour un lièvre

à la course. Elle paria qu'elle atteindrait avant lui le pied d'un monticule voisin. Le lièvre accepta le pari. Se fiant à sa légèreté, il s'amusa en chemin et se

Le lièvre et la tortue.

mit à brouter l'herbe sans se presser. La tortue, au contraire, qui connaissait la pesanteur de ses mouvements, marcha sans s'arrêter et arriva au pied du monticule au moment où le lièvre se retournait pour voir si elle approchait du but.

On ne doit jamais faire les choses avec précipitation ; mais il ne faut pas non plus attendre au dernier moment pour les faire.

Nota. — Le maître fera le vocabulaire de ce texte en ayant soin d'écrire à part les substantifs, puis les adjectifs, les verbes et les mots invariables, sans cependant indiquer aux élèves la nature des mots afin de ne pas anticiper sur les leçons qui suivent.

EXPRESSIONS. — **Une tortue défia un lièvre à la course.** *Une abeille défia un moucheron au vol. Mon voisin défia son ami à la nage. Un moucheron défia un taureau.* — **Le pied d'un monticule.** *Le pied de l'homme, la patte des animaux. Le pied de la montagne. Le pied de la table. Le pied du mur.* — **Le lièvre accepta le pari.** *L'élève accepta la récompense. La vieille femme arabe accepta l'outre remplie de miel.* — **Se fiant à sa légèreté, il s'amusa en chemin.** *Se fiant à son esprit, il parla devant le roi.* — **Il se mit à brouter l'herbe.** *La brebis se mit à manger la paille. La femme se mit à prendre de l'eau à la rivière.* — **La tortue marcha sans s'arrêter.** *La tortue accepta le pari sans songer à la pesanteur de ses mouvements. N'imitez pas cet enfant qui parle sans savoir ce qu'il dit.*

Conversation.

— Qu'est-ce qu'un lièvre ?

— Un lièvre est un animal.

— Est-ce un animal féroce ?

— Non, monsieur, c'est un animal sauvage.

— Qu'est-ce que la tortue ?

— La tortue est également un animal sauvage.

— Alors le lièvre et la tortue sont des animaux ?

— Oui, monsieur.

— Le lièvre est-il rapide à la course ?

— Oui, monsieur, le lièvre court très vite.

— Court-il plus vite que le chien ?

— Il court plus vite que le chien ordinaire, mais il ne court pas aussi vite que le lévrier.

— C'est vrai. Et la tortue court-elle aussi ?

—Non, monsieur. La tortue marche au contraire très doucement. Elle est lente.

— Où trouve-t-on les tortues ?

— On trouve les tortues dans les champs. Il y a aussi des tortues qui vivent dans l'eau. Ce sont des tortues d'eau.

— Comment peut-on prendre le lièvre, puisqu'il court si vite ?

— On peut le prendre, monsieur, au filct ou au piège. On peut le faire attraper par des lévriers ou le tuer avec des fusils.

— La chair du lièvre est-elle bonne à manger ?

— Oui, monsieur, elle est bonne à manger.

— Et celle de la tortue est-elle bonne aussi ?

— On dit que la chair de la tortue est assez bonne, mais habituellement on ne la mange pas.

—Avez-vous bien compris le sens de cette fable ?

— Nous pensons, monsieur, l'avoir compris.

— Pouvez-vous m'expliquer ce sens en employant un exemple ?

— Oui, monsieur. Un élève intelligent pourrait dire, par exemple : « Le devoir que notre professeur nous a donné est facile ; je le ferai vite demain matin avant la classe. Je vais jouer ce soir. » Le lendemain matin, l'élève veut faire son devoir, reconnaît qu'il est difficile et arrive en classe sans l'avoir achevé, tandis que ses camarades, moins intelligents que lui, mais plus studieux, l'ont tous achevé et bien fait.

— C'est parfait. Votre exemple est bien choisi. Je vois que vous avez compris le sens de cette fable. »

Dictée d'imitation.

La tortue marche avec pesanteur. Le lièvre court avec rapidité. Cet élève s'amuse toujours en classe. La brebis se mit à brouter l'herbe près de la rivière. La tortue marche sans se presser. Imitez cet élève qui fait son devoir sans se presser. Le lièvre, s'imaginant qu'il atteindrait le but avant la tortue, s'amusa en route. L'âne défia le cheval à la course, mais le cheval n'accepta pas le pari. La brebis défia le taureau à la course. La brebis arriva au but avant le taureau.

GRAMMAIRE

Nous avons rencontré plusieurs fois dans les textes précédents les mots *par, pour, sans, toujours, souvent, avant, jamais*. Ces mots étaient toujours écrits de la même manière parce qu'ils sont **invariables**.

On appelle mots **invariables** *ceux qui ne* **varient** *pas, c'est-à-dire qui ne changent pas, qui s'écrivent toujours de la même manière.*

Nous avons trouvé, au contraire, dans ces mêmes textes les mots *un animal* et *des animaux*, — *vieux* et *vieille*, — *il se posa* et *tu es posé*. Ces mots n'étaient pas toujours écrits de la même manière. C'est pour cela qu'on les appelle **variables**.

Les mots **variables** *sont donc ceux qui* **varient**, *c'est-à-dire qui changent un peu de forme, suivant qu'il s'agit, par exemple,* **d'un homme** *ou* **d'une femme**, *d'une* **seule** *chose ou de* **plusieurs** *choses, d'une personne* **à qui l'on parle** *ou d'une personne* **absente**, *etc.*

EXERCICE DE LECTURE

Conduite de l'enfant avec ses camarades.

« Pourquoi ne jouez-vous jamais avec Joseph, tandis que vous recherchez toujours la compagnie de Félix ? », demandait un jour l'instituteur à ses élèves, réunis dans la cour.

« Monsieur, répondit l'un d'eux, voici pour quelles raisons : Félix est bon et complaisant. Quand il joue avec nous, il ne nous fait jamais de mal. Il nous prête ses jouets et ne nous cherche pas dispute. Joseph, au contraire, est querelleur. Il nous empêche de jouer et nous frappe sans motif. Il cherche toujours à se battre avec l'un de nous. Dernièrement, il a jeté à terre le pauvre Victor, lui a égratigné la figure et lui a déchiré ses habits. Quand nous lui permettons de jouer avec nous, il nous pousse, il nous bouscule, il nous fait tomber ou bien il casse nos jouets. Nous sommes heureux quand Félix s'amuse avec nous. Nous évitons de jouer avec Joseph. »

« Tu vois, mon pauvre enfant, le résultat de ta conduite, dit le maître à Joseph. Corrige-toi : ne sois plus méchant, querelleur, taquin, et tes camarades t'aimeront comme ils aiment Félix. »

6ᵉ LEÇON

TEXTE

Le lièvre et le moineau.

Un aigle tenait un lièvre entre ses serres. Le malheureux poussait des gémissements plaintifs.

Un moineau, qui se trouvait près de là, se mit à se moquer de la pauvre bête :

Aigle tenant un lièvre.

« Qu'as-tu fait de tes pieds, lui disait-il, toi qui es si rapide à la course ? »

A ce moment, un épervier vit notre moineau, fondit sur lui et l'enleva.

« Eh bien, lui dit à son tour le pauvre lièvre à demi mort, qu'as-tu fait de tes ailes ? »

Il ne faut jamais se moquer de ceux qui sont dans le malheur.

EXPRESSIONS. — **Un aigle tenait un lièvre entre ses serres.** *Cet homme tenait son enfant entre ses bras.*

Le chat tenait une souris entre ses griffes. — **Qu'as-tu fait de tes pieds?** *Qu'as-tu fait de ta calotte? Qu'avez-vous fait de votre livre? Qu'a-t-il fait de son argent?* — **A ce moment, un épervier vit notre moineau.** *A ce moment, la porte fut ouverte. A ce moment je sortais de la maison. A ce moment, la voiture s'arrêta devant notre maison.* — **Il ne faut jamais se moquer des malheureux.** *Il ne faut jamais désobéir à ses parents. Il ne faut jamais manquer l'école. Il ne faut jamais jeter des pierres dans la rue.*

Conversation.

— Que tenait un aigle entre ses serres?

— Un aigle tenait un lièvre entre ses serres.

— Que faisait le malheureux animal?

— Le malheureux animal poussait des cris plaintifs.

— Que fit un moineau qui se trouvait près de là?

— Ce moineau se mit à se moquer de la pauvre bête.

— Que lui disait le moineau?

— Le moineau lui disait : « Qu'as-tu fait de tes pieds, toi qui es si rapide à la course? »

— Que fit à ce moment un épervier?

— A ce moment un épervier vit notre moineau, fondit sur lui et l'enleva.

— Que lui dit à son tour le pauvre lièvre?

— Le pauvre lièvre lui dit à son tour : « Eh bien, qu'as-tu fait de tes ailes? »

— Quelle est la maxime tirée de cette histoire?

— Il ne faut jamais se moquer de ceux qui sont dans le malheur.

Dictée d'imitation.

Le lièvre poussait des gémissements. Le moineau se moquait du lièvre. Mon cheval est rapide à la course. L'épervier fondit sur le moineau. Le lièvre se moqua à son tour du moineau. L'aigle enleva le lièvre. La servante enleva le miel. Qu'as-tu fait de ma plume? Qu'as-tu dit à ton frère? Il ne faut jamais rire sans raison. La pauvre femme poussait des gémissements dans la rue. L'enfant espiègle se mit à se moquer du vieillard.

GRAMMAIRE

RÉCAPITULATION

De quoi se compose une phrase?

De quoi se compose un mot?

Combien y a-t-il de lettres dans l'alphabet français?

Quelles sont les consonnes de la langue française?

Quelles sont les voyelles?

Quels sont les accents?

Comment appelle-t-on la voyelle *e* sans accent?

Quand met-on le tréma sur une voyelle?

Combien y a-t-il d'*h*?

Y a-t-il des lettres qui ne se prononcent pas à la fin des mots?

Comment s'écrit quelquefois le son *f*?

Qu'arrive-t-il quelquefois pour la lettre *h*?

Comment peuvent s'écrire les différentes voyelles?

Quels sont les signes de ponctuation?

Qu'appelle-t-on mots variables?

Qu'appelle-t-on mots invariables?

EXERCICE DE LECTURE

L'enfant bon et l'enfant méchant.

Une pauvre petite fille, en traversant la rue, fit un faux pas, tomba à terre et se blessa à la bouche. Félix, qui la vit de loin, courut vite la relever, la conduisit chez lui pour lui laver le visage qui était tout ensanglanté et il lui dit avec douceur : « Ne pleure pas, mon amie ; tu ne t'es pas fait beaucoup de mal. Ce ne sera rien. »

Une autre fois, Félix rencontra un vieillard qui traînait une voiture trop pesante pour lui. Le chemin montait et le vieillard, qui suait à grosses gouttes,

Félix relève la petite fille.

ne pouvait avancer. Félix eut pitié de lui et se mit à pousser la voiture par derrière afin de le soulager.

Un jour, Félix aperçut des enfants qui poursuivaient un chien à coups de pierres. Il courut à eux et les empêcha de martyriser le pauvre animal.

C'est que Félix est bon. Il cherche à être utile

à son prochain. Il ne fait pas souffrir les bêtes inutilement.

Félix pousse la charrette du vieillard.

Félix empêche les enfants de poursuivre un chien.

L'enfant qui bat les animaux sans raison, qui les fait souffrir, qui fait du mal à ses camarades, est un enfant méchant.

L'enfant bon a toujours le cœur content. Il est aimé de tout le monde.

L'enfant méchant est détesté de tout le monde. Il n'a jamais le cœur content.

7° LEÇON

TEXTE

Le chien et le morceau de viande.

Un chien entra un jour dans une boucherie et vola un morceau de viande. Les garçons du boucher le virent et se mirent à sa poursuite. Le chien se jeta à la nage dans une rivière pour échapper au danger.

LIBRAIRIE ARMAND COLIN
PARIS · 5 RUE DE MÉZIÈRES · LE
PETIT FRANÇAIS ILLUSTRÉ
JOURNAL DES ÉCOLIERS ET DES ÉCOLIÈRES
PARAÎT LE SAMEDI ≪≪ LE NUMÉRO 10 cent
ABONNEMENTS
(DU 1er DE CHAQUE MOIS)
FRANCE
SIX MOIS 3f50 | UN AN 6f
COLONIES ET UNION POSTALE
SIX MOIS 4f00 | UN AN 7f
ENVOI FRANCO D'UN NUMÉRO
SPÉCIMEN SUR DEMANDE

Librairie Armand Colin, 5, rue de Mézières, Paris.

BIBLIOTHÈQUE DU PETIT FRANÇAIS

Le vol. in-18 jésus illustré, broché, **2 fr.**; rel. toile tr. dorées, **3 fr.**

Le Mystère de Courvaillan,

par A. J. Dalséme; illustrations de G. Redon.

Mémoires d'un Éléphant

blanc, par Judith Gautier; illustrations de Mucha et Ruty.

Corsaires et Flibustiers (Chevaliers errants), par Achille Mélandri, illustrations de José Roy.

Les Colères du bouillant Achille, par Mme D'Agon de la Contrie; illustrations de Léon Fauret.

Le
Capitaine Bellormeau

Texte, Dessins et Couverture

PAR

A. ROBIDA

Un volume in-4°, 71 *gravures en noir et* **14 planches hors texte en couleur**, relié, avec tranches dorées....... **6 fr.**

P. 6584.   Paris. — Imp. E. Capiomont et Cⁱᵉ, 57, rue de Seine.

L'eau de cette rivière était limpide et le chien vit, comme dans un miroir, l'image de son morceau de viande.

Croyant que c'était une seconde proie que le ciel lui envoyait, il lâcha, pour la

Le chien a volé un morceau de viande.

prendre, le morceau qu'il tenait à la gueule; mais le courant entraîna ce morceau au loin, malgré tous les efforts du chien pour le rattraper.

Contentons-nous de ce que nous avons et ne lâchons pas la proie pour l'ombre.

EXPRESSIONS. — **Les garçons du boucher.** *Un garçon de boucher. Un garçon de café. Félix est un bon garçon. Joseph est un méchant garçon.* — **Ils se mirent à sa poursuite.** *Ils se mirent au travail. Il se mit à écrire. Ils se mirent à nager dans la rivière. Ils* *se mirent à pleurer.* — **Le chien se jeta à la nage.** *Le marin se jette à la mer. Je me jette à terre. Mon enfant se jette à mon cou. Cette rivière se jette dans la mer.* — **Il tenait sa proie à la gueule.** *Je tiens mon livre à la main. Mon chien tient un chacal à la gorge. L'épervier tenait le moineau dans ses serres.* — **Malgré tous les efforts du chien.** *Le prisonnier ne put s'échapper malgré ses efforts. Vous ne ferez pas cela malgré moi. La tortue arrivera au but avant le lièvre, malgré la pesanteur de ses mouvements.*

Conversation.

— Où entra le chien dont il est parlé dans cette histoire ?

— Il entra dans une boucherie.

— Que vola-t-il dans cette boucherie?

— Il vola un morceau de viande.

— Que firent les garçons du boucher?

— Ils se mirent à sa poursuite.

— Que fit le chien pour échapper au danger?

— Le chien se jeta à la nage dans une rivière.

— Comment était l'eau de cette rivière?

— L'eau de cette rivière était limpide.

— Que vit le chien dans l'eau?

— Il vit l'image du morceau de viande.

— Que crut le chien en voyant cette image?

— Le chien crut que c'était une seconde proie qui lui tombait du ciel.

— Que lâcha-t-il pour prendre cette seconde proie?

— Il lâcha le morceau de viande qu'il tenait à la gueule.

— Que devint ce morceau ?

— Le courant entraîna ce morceau de viande au loin malgré les efforts du chien pour le rattraper.

— Quelle est la maxime tirée de cette histoire?

— Contentons-nous de ce que nous avons et ne lâchons pas la proie pour l'ombre. »

GRAMMAIRE

Le *boucher* est un nom d'*homme*.
Le *chien* est un nom d'*animal*.
La *viande* est un nom de *chose*.
On appelle **nom** *tout mot qui sert à* **nommer** *une personne, un animal ou une chose.*

Exercice oral.

Indiquer les noms de personnes contenus dans le texte; indiquer ensuite les noms de choses.

Exercice écrit.

Écrire cinq noms de choses, cinq noms de personnes et cinq noms d'animaux pris dans les textes précédents.

Dictée d'imitation.

Le garçon du boucher m'a apporté une livre de viande. Mon frère est entré dans une boucherie. Il vit dans cette boucherie de la viande de brebis et de taureau. Je demande un morceau de pain. Mon frère demande un morceau de viande. L'enfant vit une image dans son livre. Le mouton est la proie du lion. La souris est la proie du chat. Le lièvre est la proie du renard. Le bœuf est souvent la proie du lion. On dit la gueule du lion ou du chien et la bouche de l'homme. Mon voisin ne vit pas le voleur qui était dans l'ombre. Le voleur se jeta à la nage dans la rivière pour échapper à la poursuite de notre chien.

EXERCICE DE LECTURE

Qualités.

Nous avons vu que tout le monde aimait bien Félix. Nous savons pourquoi. Félix a beaucoup de qualités : il est studieux, obéissant et respectueux. Il est propre et soigneux de ses habits. Il est économe, puisqu'il évite de les salir et de les déchirer. Ses maîtres le récompensent parce qu'il ne manque jamais la classe, qu'il est attentif et docile. Il a bon cœur, il est complaisant avec ses camarades et aimable avec tout le monde.

Eh bien ! mes chers enfants, Félix a encore d'autres qualités : il est sage et ne fait jamais rien de mal ; il est poli et n'oublie pas de saluer les personnes qu'il rencontre sur son chemin ou qui viennent chez lui. Quand on lui parle, il répond toujours, « Oui, monsieur, » ou « Oui, ma mère, » et non « Oui, » tout court. Il est discret, c'est-à-dire qu'il n'écoute pas ce que disent les grandes personnes à côté de lui pour aller le répéter ensuite au dehors. Il est modeste, car il ne se flatte jamais. Il est franc. Quand il a fait quelques légères sottises (les meilleurs enfants en font), il l'avoue de suite. Enfin, il dit toujours la vérité !

En un mot, Félix est un garçon bien élevé. Je vous conseille de l'imiter en toutes choses.

Proverbe. — **Dis-moi qui tu fréquentes, je te dirai qui tu es.**

8ᵉ LEÇON

TEXTE

Les perles.

Un Arabe s'était égaré en traversant le désert. Depuis deux jours déjà, il

Le sac ne contenait que des perles.

avait épuisé ses provisions et il était sur le point de mourir de faim et de soif, lorsqu'il trouva enfin une source où il put se désaltérer.

Mais la faim ne cessait pas de le torturer. Il vit alors, au bord de la source, un petit sac de cuir. Il l'ouvrit rapidement, dans l'espoir d'y trouver des dattes qui lui sauveraient la vie. Mais, ayant vu ce que le sac contenait, il s'écria : « Hélas! ce ne sont que des perles. »

EXPRESSIONS. — **Il était sur le point de mourir.** *Je suis sur le point de partir. Mon frère était sur le point d'aller vous voir. L'aigle était sur le point d'atteindre le moineau.* — **La faim ne cessait pas de le torturer.** *Il ne cesse pas d'écrire. Cesse de rire ou je te punis. Notre voisin a cessé son commerce. Le malade ne cessait pas de pousser des gémissements plaintifs.* — **Il l'ouvrit dans l'espoir d'y trouver des dattes.** *Je sors dans l'espoir de rencontrer mon camarade. Il boit le remède dans l'espoir d'être bientôt guéri. Il est venu dans l'espoir de vous parler. Le lièvre défia le chien à la course dans l'espoir d'échapper à sa poursuite.* — **Hélas! ce ne sont que des perles!** *Hélas! j'ai perdu la vue! Hélas! mon père est mort! Hélas! le lion a tué notre taureau!*

Conversation.

— De qui parle-t-on dans cette histoire?

— Dans cette histoire, on parle d'un Arabe.

— Qu'avait fait cet Arabe en traversant le désert?

— Cet Arabe s'était égaré.

— Qu'avait-il comme provisions?

— Il avait de la farine et des dattes.

— Que lui arriva-t-il lorsqu'il eut épuisé ses provisions?

— Il fut sur le point de mourir de faim et de soif.

— Ne trouva-t-il rien dans le désert?

— Oui, il trouva enfin une source où il put se désaltérer.

— Que vit-il au bord de la source?

— Il vit au bord de la source un petit sac en cuir.

— Pourquoi l'ouvrit-il rapidement?

— Il l'ouvrit rapidement dans l'espoir d'y trouver des dattes qui lui sauveraient la vie.

— Que dit-il après avoir vu ce que le sac contenait?

— Après avoir vu ce que le sac contenait, il s'écria : « Hélas! ce ne sont que des perles ! »

— Qu'est-ce que cela signifie?

— Cela veut dire que les perles, malgré leur valeur, ne pouvaient pas lui être utiles à ce moment, tandis que quelques dattes, qui n'ont pour ainsi dire pas de valeur, lui auraient sauvé la vie.

— Oui, mon enfant. Cela veut dire aussi que les objets précieux sont souvent inutiles à l'homme s'il n'a pas le nécessaire.

GRAMMAIRE

EXERCICE DE CONJUGAISON

PRÉSENT (aujourd'hui).

Je port*e*. . . . . *e*
Tu port*es* . . . . *es*
L'homme port*e*, il porte . . . .⎱
La femme port*e*, elle porte. . . . . .⎰ *e*
Nous port*ons*. . . . . *ons*
Vous port*ez* . . . . *ez*
Les hommes port*ent*, ils port*ent*. . . .⎱
Les femmes port*ent*, elles port*ent*. . .⎰ *ent*

Je porte dans ce moment mon frère.
Tu racontes aujourd'hui une histoire.
Le soldat passe à l'instant dans la rue.
La femme traverse la rivière chaque matin.
Nous trouvons aujourd'hui la leçon agréable.
Vous acceptez maintenant ce cadeau.
Les moutons broutent l'herbe le matin.
Les ouvriers enlèvent les outils le soir.

FUTUR (demain).

Je port*erai*. . . . . *erai*
Tu port*eras*. . . . . *eras*
L'homme port*era*, il port*era*. . . . . .⎱
La femme port*era*, elle port*era*. . . . .⎰ *era*
Nous port*erons* . . . . *erons*
Vous port*erez*. . . . . *erez*
Les hommes port*eront*, ils port*eront* . .⎱
Les femmes port*eront*, elles port*eront*. ⎰ *eront.*

Je porterai demain ce sac.
Tu raconteras demain une histoire.
Le soldat passera dans cette ville la semaine pro-
chaine.
La femme traversera ce soir la rivière.

Nous trouverons dans deux mois ce livre plus agréable.

Vous accepterez plus tard ce cadeau.
Les moutons brouteront l'herbe chaque matin.
Les ouvriers enlèveront leurs outils chaque soir.

*Ces mots **je porte** indiquent que je fais une **action**. Le mot qui indique qu'on **fait une action** est un **verbe**.*

Exercice.

Conjuguer également par écrit : Je cesse de lire. Je traverse la rivière. Je cache le morceau de viande. J'entre dans une boucherie. J'accepte le pari. J'enlève le livre. Je lâche la proie.

Dictée d'imitation.

Je traverse la rue. L'Arabe épuise ses provisions. Le chien vole un morceau de viande. Tu cesses de lire. L'élève entre en classe. Je lâche le sac. Tu échappes au danger. Nous jetons des dattes. Le courant entraîne la barque. Vous torturez ce chat. Mes oncles rattrapent leur mulet. Cet enfant spirituel raconte une histoire. Le maître pose son livre sur la table. Ce boucher fatigue son cheval.

Exercice de grammaire.

Recopier la dictée au futur.

EXERCICES DE LECTURE

Défauts.

« Joseph! tu as bien des défauts : tu es paresseux, aussi tu ne fais pas de progrès. Tu n'écoutes pas ce que les professeurs disent en classe : tu es inattentif. Tu es désobéissant et indocile, car tu n'exécutes pas les ordres qu'on te donne et tu ne tiens pas compte des observations qu'on te fait. Avec tes camarades, tu es taquin, batailleur et méchant.

Tu n'es pas propre : tes vêtements sont toujours sales.

Tes parents sont bien malheureux d'avoir un enfant aussi mal élevé !

Si encore, tu n'avais pas d'autres défauts ! Mais, hélas ! tu es impoli et grossier avec tout le monde, même avec ta mère et ton père. Tu ne dis jamais la vérité : tu es menteur et souvent même hypocrite. Au lieu d'avouer franchement tes fautes, tu les attribues à tes camarades que tu cherches à faire punir. En outre tu es orgueilleux et indiscret.

Corrige-toi, malheureux Joseph : il en est encore temps. Sinon, tes défauts te rendront plus tard insupportable et te feront détester de tout le monde. »

Proverbe. — **Qui se ressemble s'assemble.**

Réponse d'un roi juste.

Un roi alla un jour à la chasse avec son ministre et un grand nombre de ses officiers. Vers le milieu de la journée, la chaleur devint excessivement forte et le roi souffrait beaucoup de la soif, car il n'y avait aucune source dans le voisinage. Le ministre conseilla alors au roi d'entrer dans un verger qu'on rencontra sur le chemin et de calmer sa soif en mangeant quelques fruits. « A Dieu ne plaise que je le fasse ! dit le roi, car si je prenais une seule orange, mes gens ne tarderaient pas à piller ce verger et à causer ainsi la ruine de son propriétaire. »

Ce roi était juste ; il ne voulait pas ruiner le propriétaire du verger en le laissant piller par les nombreux officiers qui l'accompagnaient. Il a préféré souffrir de la soif plutôt que de commettre une injustice.

Son ministre, au contraire, en lui conseillant d'entrer dans le verger sans demander l'autorisation au propriétaire, a commis une injustice.

Nous devons toujours être justes envers tout le monde.

La justice doit être la même pour tous, riches ou pauvres, grands ou petits, faibles ou forts.

Lorsqu'on est juste, on est aimé et respecté partout.

9ᵉ LEÇON

TEXTE

Le paysan et le porc.

Un jour, un paysan conduisait au marché, dans une carriole, un mouton, une chèvre et un porc. Le mouton et la chèvre restaient silencieux et tranquilles, mais le porc ne cessait de gémir et de se remuer.

« Maudit animal ! lui dit le paysan, tu ne peux donc pas rester en repos comme tes deux compagnons ! »

Le porc ne cessait de remuer.

Le porc lui répondit : « Chacun de nous connaît le sort qui lui est réservé : le mouton sait qu'on recherche sa laine, et la chèvre son lait. Mais moi, à peine serai-je vendu, qu'on me conduira à l'abattoir pour me mettre à mort. »

EXPRESSIONS. — **Tu ne peux donc pas rester en repos?** *Votre frère ne peut donc pas rester tranquille? Cet élève ne peut donc pas rester silencieux?* — **Chacun de nous connaît son sort.** *Chacun de vous lira à son tour. Chacun de ces enfants recevra un livre. Chacun d'eux fait ce qu'il veut.* — **A peine serai-je vendu qu'on me conduira à l'abattoir.** *A peine auras-tu fini ton travail que tu devras sortir. A peine avait-il dit ces mots que son père entra. A peine aurai-je écrit cela qu'il faudra partir.*

Conversation.

— Que conduisait un jour un paysan dans une carriole?

— Il conduisait dans une carriole un mouton, une chèvre et un porc.

— Où conduisait-il ces animaux?

— Il conduisait ces animaux au marché.

— Comment étaient le mouton et la chèvre?

— Le mouton et la chèvre étaient silencieux et tranquilles.

— Et que faisait le porc?

— Le porc ne cessait de gémir et de remuer.

— Que dit le paysan au porc?

— Le paysan lui dit : « Maudit animal! tu ne peux donc pas rester en repos comme tes deux compagnons? »

— Que répondit le porc?

— Le porc répondit : « Chacun de nous connaît le sort qui lui est réservé. »

— Quel est le sort du porc?

— Le sort du porc est d'être tué aussitôt qu'il est gras, car il ne peut pas être utile à l'homme.

— Le mouton est-il utile à l'homme?

— Le mouton est utile à l'homme qui peut, non seulement manger sa chair, mais encore faire des étoffes avec sa laine.

GRAMMAIRE

Le paysan est un nom **masculin**.

Un mouton est un nom **masculin**.

Un nom est **masculin** quand il est précédé de **le** ou **un**[1].

1. On ne peut pas formuler cette règle autrement, les étrangers ignorant le genre des substantifs de notre langue, qu'ils n'ont pu apprendre, comme nos enfants, par la pratique.

La *femme* est un nom **féminin**.
Une *brebis* est un nom **féminin**.
Un nom est du **féminin** quand il est précédé de **la** ou **une**.

Exercice oral.

Indiquer les noms masculins et les noms féminins renfermés dans les deux textes précédents.

Exercice écrit.

Trouver cinq noms masculins et cinq noms féminins de personnes, cinq noms masculins et cinq noms féminins de choses, cinq noms masculins et cinq noms féminins d'animaux.

CONJUGAISON

PRÉSENT [1]	FUTUR
J'ai	J'aurai
Tu as	Tu auras
Il a	Il aura
Elle a	Elle aura
Nous avons	Nous aurons
Vous avez	Vous aurez
Ils ont	Ils auront
Elles ont	Elles auront

Dictée d'imitation.

On a conduit le porc à l'abattoir. L'homme recherche le mouton pour sa laine et sa chair. J'aime beaucoup le lait de chèvre. Le lait de brebis est bon. Le paysan vient au marché dans sa carriole. Lave la laine du mouton avant de le tondre. Les deux com-

---

1. Les élèves ont déjà appris ce verbe dans le deuxième livret. Il leur sera donc facile de retenir ces deux premiers temps.

pagnons du porc connaissaient leur sort. Le paysan conduisait son cheval à la ville. Le boucher porte au marché de la viande de mouton et de la viande de taureau. Maudit livre! dit l'écolier paresseux. L'élève sait que le maître recherche les enfants studieux.

EXERCICE DE LECTURE

Le corps humain (LA TÊTE) [1].

Le corps humain se compose de trois parties : la *tête*, le *tronc*, les *membres*.

La tête comprend : le *crâne*, c'est-à-dire le derrière et le haut de la tête; la *face* ou le *visage*, c'est-à-dire

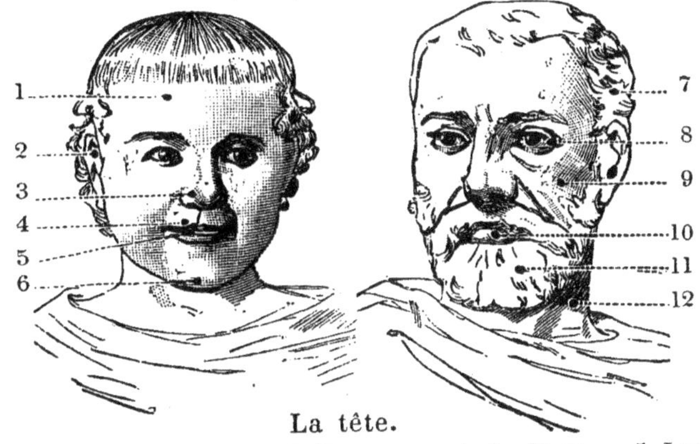

La tête.

1. Le front. — 2. L'oreille. — 3. Le nez. — 4. La lèvre. — 5. Les dents. — 6. Le menton. — 7. Les cheveux. — 8. L'œil. — 9. La joue. — 10. La bouche. — 11. La barbe. — 12. Le cou.

le devant de la tête; le *cou*, c'est-à-dire la partie qui relie la tête au tronc. Le crâne est couvert de *cheveux*.

Le visage, ou la face, se compose du *front*, des

1. Il ne faut pas perdre de vue que tous ces textes ont été rédigés en vue du langage. Ils sont destinés à enseigner un grand nombre de mots aux élèves qui trouveront plus tard, dans des livres spéciaux, des notions scientifiques plus complètes et plus précises.

yeux, du *nez*, des *oreilles*, des *joues*, de la *bouche* et du *menton*.

Le devant du cou s'appelle la *gorge*.

Le derrière du cou s'appelle la *nuque*.

Le dedans du cou s'appelle le *gosier*.

Le nez a deux *narines*.

Les hommes ont des *moustaches* sous le nez et de la *barbe* au menton. Dans l'intérieur de la tête se trouve la *cervelle*.

10ᵉ LEÇON

TEXTE

Le poisson et le pêcheur.

Un pêcheur prit à la ligne un petit poisson qu'il retira de l'hameçon et qu'il jeta dans son panier.

« Pêcheur, dit le pauvre poisson, tu vois bien que je suis trop petit pour être mangé. A peine ferai-je une bouchée. Crois-moi, remets-moi dans la rivière ; laisse-moi grandir et reviens me prendre

Ustensiles du pêcheur.

dans une année. J'aurai alors grossi et je ferai un bon plat pour toi et pour toute ta famille.

— Poisson, mon ami, répondit le pêcheur, tu es pris et tu seras mangé aujourd'hui. Je ne suis pas assez fou

Le poisson et le pêcheur.

pour aller lâcher ce que je possède et courir après l'incertain. »

Proverbes. — **Un tiens vaut mieux que deux tu auras.**

Un moineau à la main vaut mieux que dix sur l'arbre.

Mieux vaut tenir que courir.

EXPRESSIONS. — **Le pêcheur prit un poisson à la ligne.** *Je prends souvent les oiseaux au filet. Mon lévrier a pris un lièvre à la course.* — **Tu vois bien que je suis trop petit.** *Tu vois bien que je suis trop fatigué pour marcher. Tu vois bien que cet enfant est trop paresseux pour pouvoir entrer à l'école. Je vois bien que tu ne veux rien apprendre. Ce domestique voit bien que son maître ne l'aime pas.* — **Je ne suis pas assez fou pour te lâcher.** *Mon voisin n'est pas assez fou pour le croire. Vous ne serez pas assez fou pour aller vous baigner en ce moment. Je ne suis pas assez adroit pour faire cela.*

Conversation.

— Comment le pêcheur prit-il le petit poisson?

— Il prit le petit poisson à la ligne.

— Où le jeta-t-il?

— Il le jeta dans son panier.

— Que dit le pauvre poisson?

— Le pauvre poisson dit : « Pêcheur, tu vois bien que je suis trop petit. »

— Que répondit le pêcheur?

— Le pêcheur répondit : « Poisson, mon ami, tu es pris et tu seras mangé aujourd'hui. »

— Avec quoi le pêcheur peut-il prendre des poissons?

— Le pêcheur peut prendre des poissons avec des hameçons ou avec des filets.

— Où trouve-t-on des poissons?

— On trouve des poissons dans la mer, dans les cours d'eau, dans les lacs.

— Le poisson peut-il vivre hors de l'eau?

— Non, monsieur, le poisson meurt vite lorsqu'il est sorti de l'eau. Il ne peut pas vivre hors de l'eau.

— Aimez-vous la pêche?

— Moi, monsieur, j'aime la pêche à la ligne, mais je ne prends presque pas de poisson.

— C'est parce que vous ne savez pas bien pêcher.

GRAMMAIRE

EXERCICE DE CONJUGAISON

PASSÉ (hier)

J'ai porté
Tu as porté
L'homme a porté, il ⎱
La femme a porté, elle ⎰ *a porté*

Nous avons porté
Vous avez porté
Les hommes ont porté,   ils   { ont porté
Les femmes ont porté,   elles { ont porté

J'ai porté hier un grand sac.
Tu as lâché avant-hier ton cheval.
Le soldat a traversé le village la semaine passée.
L'élève a imité son camarade le mois passé.
Nous avons trouvé cette bague l'année dernière.
Vous avez laissé votre fils au collège.
Ces bouchers ont tué hier deux moutons.
Ces filles ont apporté avant-hier de l'eau dans des outres.

IMPARFAIT

Je portais. . . . .   ais
Tu portais. . . . .   ais
Cet homme portait. . . . . { ait
Cette femme portait . . . . { ait
Nous portions . . . .   ions
Vous portiez. . . . .   iez
Ces hommes portaient . . . { aient
Ces femmes portaient . . . { aient

Je portais mon frère lorsque tu m'as rencontré.
Tu racontais une histoire lorsque je t'ai vu.
L'élève imitait le modèle lorsque vous l'avez vu.
La fille lavait son linge à la rivière lorsque je suis passé.
Nous écoutions notre maître lorsqu'il parlait.
Vous enleviez le livre lorsque je suis entré.
Les pêcheurs jetaient leurs filets dans la mer lorsque tu es arrivé.

Exercice oral puis écrit.

Conjuguer au passé : J'ai lâché la corde. J'ai étudié la leçon. J'ai lavé la laine du mouton. J'ai épuisé mes provisions. — *Conjuguer ces mêmes verbes à l'imparfait, au présent et au futur.*

Dictée d'imitation.

J'ai traversé la rue. Mon chat a volé un morceau de pain. La servante a lavé la boucherie. La rivière a entraîné un grand arbre. Nous avons trouvé notre chemin. J'ai laissé mon cahier sur la table. Tu as échappé au danger. Nous avons sauvé cette pauvre femme. La servante a trouvé une bague dans la rue. Les pêcheurs ont jeté leurs filets dans le lac. Le soldat a traversé le désert. Ma mère retira le poisson du panier. Le poisson a été pris et a été mangé.

EXERCICE DE LECTURE

Le corps humain (LE TRONC).

La tête est unie au *tronc* par le cou.

Le devant du tronc est formé par la *poitrine*, les *épaules*, l'*estomac*, le *ventre* et le *bas-ventre*.

Le derrière du tronc est formé par les *omoplates*, le *dos* et les *reins*.

Au milieu du dos il y a l'*épine dorsale* à laquelle se rattachent les *côtes*.

A droite et à gauche du ventre se trouvent les *hanches*.

Au-dessus des hanches est la *ceinture* ou la *taille*.

Au milieu du ventre est le *nombril*.

Les *bras* sont placés à droite et à gauche du tronc, à sa partie supérieure.

Les *jambes* supportent tout le corps.

Dans l'intérieur du tronc se trouvent les *poumons*,

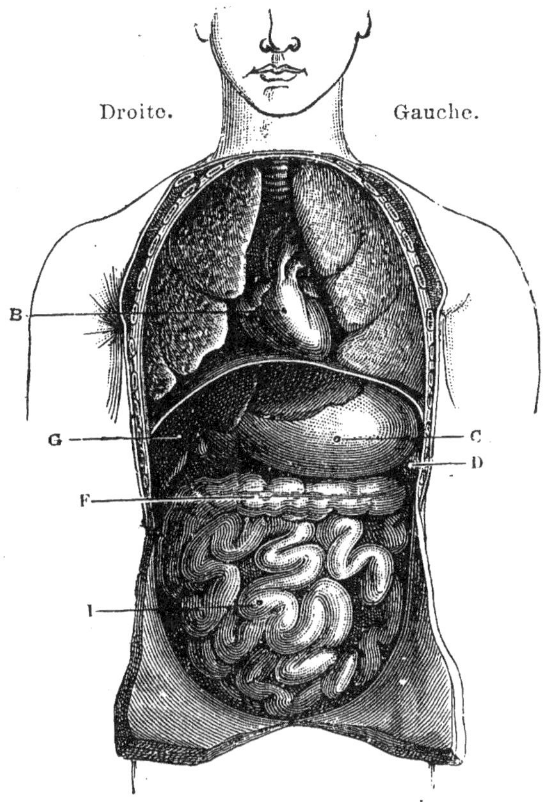

Intérieur du tronc.

B. Cœur. — C. Estomac. — D. Rate. — F. Gros intestin. —
G. Foie. — I. Intestin grêle.

le *cœur*, l'*estomac*, le *foie*, la *rate* et les *intestins* ou *entrailles*.

Le corps humain est composé d'*os*, de *muscles*, de *nerfs* et de *chair*.

Le *sang* coule dans les veines et les artères.

11ᵉ LEÇON

TEXTE

Les deux enfants.

Quelle différence entre le petit Félix et le grand Joseph dont les parents sont voisins !

Félix est bon, poli, doux, obéissant, studieux ; Joseph est méchant, grossier, tapageur, désobéissant, paresseux. Joseph déteste Félix qui, cependant, ne lui fait jamais de mal. Joseph voudrait bien voir punir Félix ; mais c'est lui, au contraire, qui est toujours grondé à cause de sa paresse ou de sa méchanceté. On parle même de le renvoyer de l'école, tandis que Félix, qui fait toujours bien ses devoirs, ne reçoit que des éloges.

Enfants, soyez bons et studieux ; tout le monde vous aimera.

EXPRESSIONS. — **Quelle différence entre Félix et Joseph !** *Quelle différence entre le vin et l'eau ! Quelle différence entre la datte et l'olive ! Quelle différence entre le fer et le bois !* — **Joseph voudrait bien voir punir Félix.** *Ce garçon voudrait bien savoir lire. Nous* *voudrions bien pouvoir voyager souvent. Je voudrais bien voir un grand navire.* — **On parle de le renvoyer de l'école.** *On parle de mettre en prison ce soldat. On parle de faire la guerre.*

QUESTIONNAIRE. — *Quels sont les défauts de Joseph? — Quelles sont les qualités de Félix? — Faut-il imiter Joseph ou Félix? — Les parents de Joseph sont-ils heureux ou malheureux d'avoir un pareil enfant? — Qui aime-t-on, Joseph ou Félix? — Pourquoi Joseph déteste-t-il Félix?*

GRAMMAIRE

Poli *est un* **adjectif qualificatif** *parce qu'il indique une* **bonne qualité.**

Méchant *est un* **adjectif qualificatif** *parce qu'il indique une* **mauvaise qualité.**

Petit *est un* **adjectif qualificatif** *parce qu'il indique une* **manière d'être.**

On appelle **adjectif qualificatif** *tout mot qui indique une* **bonne qualité, une mauvaise qualité** *ou* **une manière d'être.**

Exercice oral.

Faire voir l'exercice de lecture de la 7e leçon (page 36) en faisant reconnaître les adjectifs par les élèves. — Faire de même, pour l'exercice de lecture de la 8e leçon (page 41).

Exercices écrits.

1° Relever les adjectifs renfermés dans l'exercice de lecture de la 7e leçon.

2° Relever les adjectifs renfermés dans l'exercice de lecture de la 8e leçon.

3° Choisir dix adjectifs indiquant une *bonne* qualité,

dix adjectifs indiquant une *mauvaise* qualité, dix adjectifs indiquant une *manière d'être.*

Exercice d'invention.

Compléter les phrases suivantes en remplaçant les points par un adjectif qualificatif : Mon père est... Ton camarade est... Cet arbre est... Le charbon est... Mon frère est... Son jardin est... Mon chien est... La réponse de la vieille femme arabe était... La laine est... à l'homme. Le miel de l'abeille est... Le moucheron qui se posa sur la corne du taureau était... L'enfant qui se moqua de la vieille femme arabe était... L'enfant qui répondit au vieillard était... Cet élève est aimé par tout le monde parce qu'il est... L'eau de cette rivière est...

CONJUGAISON

PASSÉ	IMPARFAIT
J'ai eu	J'avais
Tu as eu	Tu avais
Il a eu	Il avait
Elle a eu	Elle avait
Nous avons eu	Nous avions
Vous avez eu	Vous aviez
Ils ont eu	Ils avaient
Elles ont eu	Elles avaient

Dictée d'imitation.

Ce domestique est paresseux. Le chat est cruel. Louis est poli. Mon chien est obéissant. Charles est méchant. Tout le monde aime les enfants studieux. Cet élève est toujours puni. Félix ne reçoit que des éloges. On parle de renvoyer Joseph parce qu'il est grossier et paresseux. Mon ami voudrait bien pouvoir vous être utile. L'enfant du pêcheur est hypocrite et jaloux. Ce paysan est franc. Ce boucher est querelleur et batailleur.

EXERCICE DE LECTURE

L'herbe merveilleuse.

Deux jeunes filles se dirigeaient ensemble vers la ville; chacune d'elles portait sur la tête un panier de fruits. L'une se plaignait et trouvait son panier trop lourd; l'autre, au contraire, marchait légèrement et ne cessait de rire et de plaisanter.

« Comment peux-tu rire de si bon cœur? lui dit la première. Ton panier est au moins aussi pesant que le mien et tu n'es pas plus forte que moi.

— C'est vrai, répondit l'autre, mais j'ai mis dans mon panier une herbe qui le rend plus léger.

— Et comment s'appelle cette herbe merveilleuse?

— La plante qui allège tous les fardeaux s'appelle « *Patience* », lui répondit sa compagne.

12ᵉ LEÇON

TEXTE

Vengeance d'un éléphant.

Un éléphant allait un jour à l'abreuvoir, conduit par son cornac. Il passa devant l'atelier d'un tailleur qui travaillait auprès de sa fenêtre toute grande ouverte, et sur laquelle étaient quelques pommes. L'éléphant allonge sa trompe et en prend une. Le tailleur, pour le punir de ce vol, lui pique la trompe avec son aiguille.

L'éléphant continue son chemin jusqu'à l'abreuvoir. Après avoir bu il rem-

Eléphant et son cornac dans une rue.

plit sa trompe d'eau et revient par le même chemin.

En arrivant devant l'atelier du tailleur, l'éléphant s'arrête et lui lance au visage toute l'eau qu'il avait dans sa trompe.

Il ne faut jamais faire du mal inutilement aux animaux.

EXPRESSIONS. — Un éléphant allait à l'abreuvoir, conduit par son cornac. *L'enfant vient à l'école, conduit par son père. Le voleur a traversé la ville, conduit par un gendarme.* — **La fenêtre était toute grande ouverte.** *Ne laissez pas la porte toute grande ouverte. Ce charbonnier a les mains toutes noires. Cette brebis est toute blanche.* — **Le tailleur travaillait auprès de sa fenêtre.** *Sa maison est auprès de mon jardin. Le médecin se tient auprès du malade. Cet enfant reste toujours auprès de sa mère.*

QUESTIONNAIRE. — *Où allait l'éléphant dont il est parlé dans cette histoire? Allait-il seul à l'abreuvoir ou était-il conduit par quelqu'un? — Comment appelle-t-on l'individu qui conduit un éléphant? — Comment appelle-t-on l'individu qui conduit une voiture? — un bateau? — un troupeau? — Où passa l'éléphant? — Que fait un tailleur? — Où travaillait le tailleur dont il est question dans cette histoire? — Qu'y avait-il sur la fenêtre? — Que fit l'éléphant? — Comment le tailleur le punit-il? — Que fit l'éléphant après avoir bu? — Où avait-il pris l'eau qu'il lança au tailleur? — Le tailleur avait-il eu raison de piquer l'éléphant avec son aiguille? — Devons-nous faire du mal aux animaux?*

EXERCICE DE CONJUGAISON

INDICATIF PRÉSENT (aujourd'hui)

Je remplis. . . . . *is*
Tu remplis . . . . *is*
Il remplit. . . . . } *it*
Elle remplit. . . . . }
Nous remplissons. . . . . *issons*
Vous remplissez. . . . . . *issez*
Ils remplissent. . . . . . } *issent.*
Elles remplissent . . . . . }

FUTUR (demain)

Je remplirai.	*irai*
Tu rempliras.	*iras*
Il remplira	*ira*
Elle remplira	
Nous remplirons.	*irons*
Vous remplirez	*irez*
Ils rempliront.	*iront.*
Elles rempliront.	

Exercice.

Conjuguer oralement et par écrit les verbes suivants au présent et au futur :

Je finis, je punis, j'obéis, je gémis, je grandis, je désobéis, je guéris.

Dictée d'imitation.

Cet enfant désobéit souvent. Tu salis tes habits. Le maître punit ce mauvais élève. Les fruits de cet arbre mûriront bientôt. J'avertis mon père. Tu rougis de honte. Le boulanger pétrit le pain. Vous blanchissez ce mur. Les remèdes guérissent les malades. Nous finissons notre devoir. L'éléphant passe dans la rue conduit par son cornac. Le tailleur travaille auprès de la fenêtre. Le tailleur maladroit se pique la main avec son aiguille.

Exercice de grammaire.

Recopier cette dictée en mettant les verbes au futur.

EXERCICES DE LECTURE

L'œil.

On dit deux *yeux* et un *œil*.

C'est avec les yeux que les animaux voient les objets.

Entre l'œil et le front se trouvent les *sourcils*. Quand nous fermons les yeux, ils sont recouverts par les *paupières*.

Chaque œil a une paupière inférieure et une paupière supérieure.

Quand on rapproche les paupières l'une de l'autre en les remuant, on *cligne* de l'œil.

Les paupières sont garnies de *cils*.

Les sourcils, les cils et les paupières protègent les yeux et empêchent la poussière ou les petits insectes d'y pénétrer. L'œil a une partie blanche: c'est le *blanc de l'œil*. Au milieu du blanc de l'œil se trouve un cercle noir, ou brun, ou gris, ou bleu, ou vert : c'est l'*iris* de l'œil. Au milieu de l'iris, il y a un point tout noir, qui s'agrandit dans l'obscurité et devient petit à la lumière, c'est la *prunelle* ou la *pupille* de l'œil.

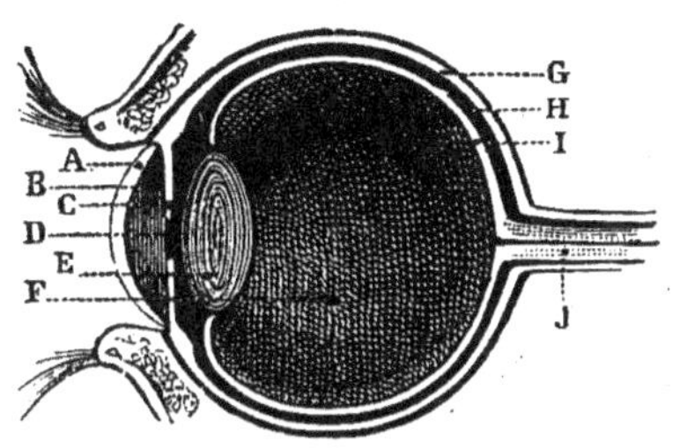

Un œil.

A, cornée transparente ; B, chambre antérieure pleine de liquide (humeur aqueuse); C, iris ; D, pupille ; E, cristallin ; F, liquide gluant (humeur vitrée); G, coque de l'œil (sclérotique); H, choroïde ; I, Rétine ; J, nerf optique.

Quand un homme ou un animal a perdu l'usage d'un œil, il est *borgne*. Quand il a perdu l'usage des deux yeux il est *aveugle*. Il est *louche* quand les deux yeux ne regardent pas dans la même direction.

Les personnes qui ne voient pas de loin sont *myopes;* celles qui voient difficilement de près sont *presbytes*. Les unes et les autres sont obligées de porter des lunettes.

Lorsqu'on pleure, des *larmes* sortent des yeux.

Les lunettes.

Un paysan, qui avait remarqué que certaines personnes se servaient de lunettes pour lire, voulut en acheter.

Un jour, il va à la ville, entre chez un marchand de lunettes et lui en demande une paire. Le marchand lui

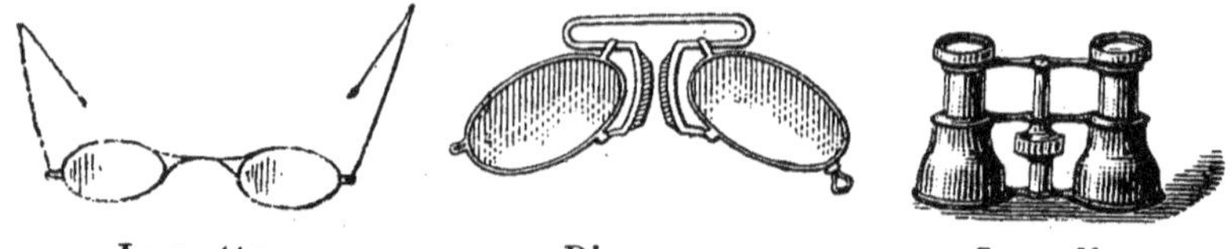

Lunettes.   Pince-nez.   Jumelles.

en montre de plusieurs espèces. Le paysan en prend une paire, la met sur son nez, ouvre un livre et essaye de lire.

« Ces lunettes ne sont pas bonnes », dit-il au marchand.

Et il en essaye d'autres; mais, à chaque paire qu'il prend, il fait la même observation. A la fin, le marchand, impatienté, lui demande :

« Mais, mon ami, savez-vous lire au moins?

— Si je savais lire, répondit le paysan, je n'aurais pas besoin de vos lunettes. »

13e LEÇON

TEXTE

Amour fraternel.

Il y a une centaine d'années, un Espagnol, nommé Antoine, était esclave à Tunis. Ayant gagné par son travail cent pièces d'or, il les porta au gouverneur de la ville, pour racheter son frère cadet, qui était esclave comme lui.

Le gouverneur, surpris, lui dit : « Mais pourquoi ne te rachètes-tu pas toi-même? » L'Espagnol répondit : « Seigneur, mon frère ne connaît aucun métier et ne peut gagner de l'argent; il resterait donc toute sa vie en esclavage. Tandis que moi, au bout de quelques années, j'aurai ramassé la somme nécessaire pour me racheter à mon tour. »

Le gouverneur, touché de cet amour fraternel, donna la liberté, sans rançon, à l'Espagnol et à son frère.

Proverbe. — **Aide-toi, le ciel t'aidera.**

EXPRESSIONS. — **Pourquoi ne te rachètes-tu pas toi-même?** *Pourquoi la fenêtre est-elle toute grande ouverte? Pourquoi ne parles-tu pas? Pourquoi travailles-tu auprès du feu?* — **Mon frère ne connaît aucun métier.** *Je ne connais aucun médecin dans cette rue. Tu ne connais aucune histoire arabe. Le pilote n'a vu aucun navire.* — **Il resterait toute sa vie en esclavage.** *Tu resteras ignorant toute ta vie. Nous avons lu toute la journée. Le soldat veille toute la nuit.* — **Au bout de quelques années j'aurai ramassé la somme nécessaire.** *Au bout de quelques jours il était guéri de sa blessure. Au bout de quelques mois il parlait très bien le français.*

Conversation.

— Cette petite anecdote vous a-t-elle plu?
— Oui, monsieur, elle nous a beaucoup plu.
— Comment trouvez-vous la conduite d'Antoine?
— Nous la trouvons admirable.

— Aimait-il bien son frère?

— Oui, monsieur, il l'aimait bien puisqu'il voulait le faire mettre en liberté avant lui-même.

— Comment appelle-t-on cet amour d'un frère pour son frère?

— On l'appelle **amour** fraternel.

— Et l'amour d'un père pour ses enfants, savez-vous comment on l'appelle?

— Amour paternel.

— Et celui d'une mère pour ses enfants?

— Amour maternel.

— Et celui d'un fils pour ses parents?

— Amour filial.

— Retenez bien, mes enfants, ces quatre adjectifs : *paternel*, *maternel*, *fraternel*, *filial*.

— Comment trouvez-vous la conduite du gouverneur?

— Nous la trouvons également très belle.

— Vous avez raison. Ce gouverneur avait bon cœur. C'était certainement un homme de bien. Il était charitable et généreux.... Dites-moi, mes chers enfants, savez-vous ce que c'est qu'un esclave?

— Oui, monsieur, c'est un homme qui n'est plus libre, qui ne peut plus aller où il veut, qui est obligé de travailler malgré lui, et qui appartient à un maître.

— Y a-t-il des esclaves en France?

— Non, monsieur, en France, tous les hommes sont libres.

— L'homme a-t-il le droit de rendre esclave un autre homme.

— Non, monsieur, l'homme ne doit pas rendre esclaves ses semblables.

— Comment appelle-t-on la condition dans laquelle se trouve un esclave?

— Cette condition s'appelle l'esclavage.

GRAMMAIRE

Le mot **aiguille** *est un nom qui s'applique à tous les instruments de cette espèce.*

Le mot **chien** *est un nom qui s'applique à tous les animaux de cette espèce.*

Le mot **aiguille** *et le mot* **chien** *sont des* **noms communs.**

On appelle **nom commun** *un nom qui peut convenir à* **toutes les personnes** *ou à* **toutes les choses** *de la même espèce.*

Tunis *est un nom qui ne désigne qu'***une** *ville.*

Antoine *est un nom qui ne désigne qu'***un** *homme.*

Tunis *et* **Antoine** *sont des* **noms propres.**

On appelle **nom propre** *un nom qui ne désigne qu'***une personne** *ou qu'***une chose** *de son espèce.*

Les noms propres commencent toujours par une lettre majuscule ou grande lettre.

Exercice oral.

Faire trouver à l'élève tous les noms communs contenus dans le texte de cette leçon.

Exercice d'invention.

Trouver cinq noms communs d'animaux; cinq noms communs d'objets; cinq noms communs d'instruments; cinq noms propres de personnes.

CONJUGAISON

PRÉSENT	FUTUR
Je suis	Je serai
Tu es	Tu seras
Il est	Il sera
Elle est	Elle sera
Nous sommes	Nous serons
Vous êtes	Vous serez
Ils sont	Ils seront
Elles sont	Elles seront

Dictée d'imitation.

Le frère d'Antoine était esclave comme lui. Le frère cadet de mon domestique était boucher. Il conduisait ses moutons à l'abattoir dans une carriole. Antoine a porté cent pièces d'or au gouverneur de la ville. Cet homme est resté toute sa vie en esclavage. Au bout de quelques années, notre jardinier avait ramassé la somme nécessaire pour acheter une maison. Il y a une vingtaine d'années cette ville était très petite ; aujourd'hui elle est très grande. L'Espagne est le pays des Espagnols. Le gouverneur est celui qui gouverne une ville ou un pays.

EXERCICE DE LECTURE

Le nez (L'ODORAT).

Le *nez* se trouve au milieu du visage.

Le nez de l'homme peut être gros ou petit, long ou court. Certaines personnes ont le nez *retroussé*, d'autres le nez *camard*, c'est-à-dire *plat* et *écrasé*, d'autres le nez *aquilin*, c'est-à-dire *recourbé* comme le bec de l'aigle. C'est avec le nez qu'on sent et qu'on flaire.

Le nez, organe de l'odorat, nous fait connaître les odeurs. C'est par le sens de l'odorat que nous jouissons du parfum de la rose, de l'œillet, du jasmin et de beaucoup d'autres fleurs odorantes. C'est pour nous procurer le plaisir de respirer des parfums agréables que nous distillons des essences de toutes sortes, que nous en parfumons nos vêtements, nos chambres, et que nous brûlons des aromates, composés avec des plantes aromatiques.

Le sens de l'odorat est très développé chez certains animaux. Certains chiens suivent la piste du gibier, rien qu'en flairant les émanations laissées dans l'air par l'animal poursuivi. Ce sont les chiens de chasse.

Les deux fosses que nous avons sous le nez, ou *fosses nasales*, s'appellent *narines*.

14ᵉ LEÇON

TEXTE

Le roi et ses trois fils.

Un roi avait trois fils et voulait se choisir un successeur parmi eux. Pour connaître leur caractère et savoir lequel était le plus digne de régner, il les mena un jour dans sa ménagerie et offrit à chacun l'animal qu'il préférerait.

L'aîné choisit un chien en disant que cet animal était caressant et obéissait au moindre signe.

Le second choisit un singe, parce que, disait-il, cet animal l'amusait par ses grimaces.

Le troisième choisit un chameau à cause de sa sobriété et de son utilité.

Le roi se dit alors : « Mon fils aîné ne s'entourera que de courtisans flatteurs et dociles; le second ne se plaira que dans la société des bouffons; le troisième, au contraire, saura préférer les gens utiles aux flatteurs et aux bouffons; c'est à lui que je laisserai mon royaume. »

EXPRESSIONS. — **Le roi voulait savoir quel était le plus digne de régner.** *Lequel de ces élèves est le plus intelligent? Cet ouvrier menuisier est le plus adroit de* la ville. *Voilà le plus beau de mes arbres. Cet élève est bon ; celui-ci est meilleur ; mais Félix est le meilleur. Ce travail est mauvais ; celui-ci est pire ; le tien est le plus mauvais.* — **Le chien obéissait au moindre signe.** *Cet élève se décourage à la moindre difficulté. Je vous chasserai à la moindre désobéissance. Vous m'éveillerez au moindre bruit.* — **Il choisit un chameau à cause de sa sobriété.** *Cet enfant ne fait aucun progrès à cause de sa paresse. Je veux boire du jus de citron à cause de mon mal de gorge.*

QUESTIONNAIRE. — *Quel est le titre de cette histoire? — Que voulait faire le roi? — Où mena-t-il ses fils pour connaître leur caractère? — Qu'offrit-il à chacun? — Que choisit l'aîné? — Que choisit le second? — Pourquoi le second choisit-il un singe? — Pourquoi le troisième choisit-il un chameau? — Dites-moi ce que le roi se dit alors. — Quel est celui des trois fils qui succéda à son père? — Faut-il écouter le langage des flatteurs? — Devons-nous nous laisser prendre aux grimaces des bouffons?*

GRAMMAIRE

CONJUGAISON

PASSÉ INDÉFINI	IMPARFAIT	
J'ai rempli	Je remplissais. . .	*ais*
Tu as rempli	Tu remplissais. . .	*ais*
Il a rempli	Il remplissait . . .	*ait*
Elle a rempli	Elle remplissait . .	
Nous avons rempli	Nous remplissions.	*ions*
Vous avez rempli	Vous remplissiez. .	*iez*
Ils ont rempli	Ils remplissaient. .	*aient*
Elles ont rempli	Elles remplissaient.	

Exercice

Conjuguer au passé indéfini, à l'imparfait et aux autres temps déjà appris les verbes suivants :

Je finissais, j'ai fini ; j'ouvrais, j'ai ouvert ; je gémissais, j'ai gémi ; je guérissais, j'ai guéri ; je choisissais, j'ai choisi ; j'offrais, j'ai offert.

Dictée d'imitation.

Le juge a puni le voleur. J'ai puni cet élève qui a désobéi à son père. L'enfant a déjà fini son travail. J'ai nourri ce malheureux tout le mois passé. Ta mère t'a nourri pendant longtemps. J'ai ouvert ma porte de bonne heure. Cette fille a désobéi à ses parents. Ton petit frère a sali ses vêtements. Le médecin a guéri ce malade. Le maçon a bâti la maison. J'ai choisi le métier de menuisier parce qu'il est difficile. Le fils de notre voisin a gémi en voyant souffrir son frère.

Deuxième exercice.

Recopier cette dictée en mettant le verbe à l'imparfait.

EXERCICE DE LECTURE

Les oreilles (L'OUÏE).

Les oreilles se trouvent à droite et à gauche du visage.

Les oreilles nous servent à écouter et à entendre les sons et les bruits.

Au fond de l'oreille se trouve une petite peau très mince, une membrane qu'on appelle le *tympan*. Lorsqu'un bruit se produit, les vibrations de l'air viennent frapper le tympan, et c'est la sensation éprouvée par le tympan qui fait que l'on entend ce bruit.

Le sens de l'ouïe s'affaiblit souvent avec l'âge. On dit d'une personne qui n'entend pas bien qu'elle est *dure d'oreille*, qu'elle a l'oreille dure.

Celui qui n'entend pas du tout est *sourd*.

Les enfants qui naissent sourds ne peuvent pas apprendre à parler, et sont des *sourds-muets*.

Il y a trois langages, c'est-à-dire trois manières de communiquer avec ses semblables : la parole, les signes et l'écriture. L'aveugle est privé des signes et de l'écriture, et le sourd-muet est privé de la parole.

Vous apprendrez cependant plus tard qu'on est arrivé à faire lire les aveugles et à faire parler les sourds-muets.

15ᵉ LEÇON

TEXTE

Le savant et la jeune fille.

Un savant était occupé à travailler dans sa chambre. Tout à coup, il entend frapper à sa porte. Il crie : « Entrez! » La porte s'ouvre, et il voit paraître la petite fille d'un de ses voisins.

« Bonjour, monsieur, lui dit l'enfant. Maman m'envoie vous demander un peu de feu pour allumer son fourneau.

— Très volontiers, répond le savant... Mais tu n'as ni pelle, ni vase pour emporter ton feu. Attends, je vais te donner quelque chose pour y mettre la braise.

— Oh! ce n'est pas la peine! monsieur; je ne suis qu'une ignorante petite fille; mais vous allez voir, malgré cela, que je ne suis pas embarrassée pour si peu. »

La petite fille s'approche alors de la cheminée, prend un peu de cendre froide, la met dans le

Cabinet de travail.

creux de sa main gauche, pose dessus quelques charbons allumés et s'en va en riant.

Le docteur, surpris, se dit en lui-même : « Avec toute ma science, je n'aurais pas trouvé cet expédient si simple. »

Proverbe. — **Expérience passe science.**

EXPRESSIONS. — **Maman m'envoie vous demander un peu de feu.** *Ce malade guérira vite avec un peu de soin. Je n'ai plus qu'un peu d'huile. Nous sortons* *peu. Il mange et boit peu. J'ai besoin d'un peu de repos, car je suis bien fatigué.* — **Très volontiers, répond le savant.** *Voulez-vous m'aider? Volontiers. Cet enfant va volontiers en classe. Ce domestique fait volontiers ce qu'on lui demande.* — **La petite fille met des cendres dans le creux de sa main.** *Le paysan a caché sa bourse dans le creux d'un arbre. Le creux de cette assiette n'est pas propre.*

GRAMMAIRE

FÉMININ DES ADJECTIFS

Un garçon **adroit,**
Une fille **adroite.**
Pour former **le féminin** *d'un adjectif, on ajoute un* **e muet** *au masculin.*

Un garçon **docile,**
Une fille **docile.**
Quand un adjectif se termine par un **e muet** *au masculin,* **il ne change pas au féminin.**

CONJUGAISON

PASSÉ INDÉFINI	IMPARFAIT
J'ai été	J'étais
Tu as été	Tu étais
Il a été	Il était
Elle a été	Elle était
Nous avons été	Nous étions
Vous avez été	Vous étiez
Ils ont été	Ils étaient
Elles ont été	Elles étaient

Premier exercice.

La mule patiente. La grande sœur. La jolie brebis. Le fille polie. La petite chienne. La fermière négligente. La rivière profonde. La chatte méchante. La voisine obligeante. La route étroite. Une vache noire. La tante bavarde. La femme intelligente. Une jeune fille gourmande. L'ouvrière adroite. L'ânesse forte.

Deuxième exercice.

Recopier l'exercice précédent en mettant les noms et les adjectifs au masculin.

Dictée d'imitation.

Un ouvrier maçon était occupé à travailler dans notre maison. Le tailleur était occupé à coudre dans son atelier. Le pêcheur était occupé à prendre des poissons sur le bord de la rivière. Tout à coup un poisson mordit à l'hameçon. Je vis passer tout à coup un soldat dans la rue. Tout à coup la porte s'ouvrit et mon ami entra. « Bonjour, monsieur le gouverneur, votre frère m'envoie vous demander un peu d'argent. » « Bonjour, voisine, donne-moi donc quelques braises pour allumer mon feu. — Attends un peu, je vais mettre du charbon dans le fourneau. — Ce n'est pas la peine, mon amie, une petite braise me suffira. » Cette pauvre femme est très embarrassée, elle ne sait pas allumer son feu.

EXERCICE DE LECTURE

La bouche.

On ouvre et on ferme la *bouche* au moyen des *mâchoires*.

La bouche a deux *lèvres :* la lèvre supérieure et la lèvre inférieure.

Les lèvres recouvrent les deux mâchoires : la mâchoire supérieure, qui reste toujours immobile, et la mâchoire inférieure qu'on remue quand on mange ou qu'on parle.

Les mâchoires sont garnies de *dents*, et les dents sortent des *gencives*.

Les enfants de un à six ans environ ont vingt petites dents qu'on appelle les *dents de lait*. A six ou sept ans,

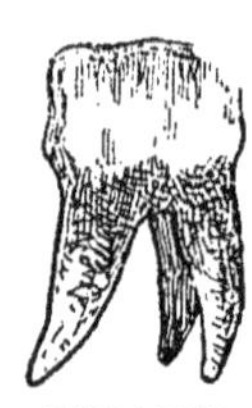

Dents.

ces dents de lait tombent, et sont remplacées par vingt-huit autres.

Sur le devant sont les huit *incisives*, quatre en haut et quatre en bas.

Les dents incisives sont minces et tranchantes ; elles servent à couper les aliments.

A droite et à gauche des incisives, se trouvent les quatre dents *canines*, une de chaque côté, en haut et en bas. Elles sont pointues, et servent à déchirer les aliments.   (*A suivre.*)

16e LEÇON

Les deux voyageurs.

Deux voyageurs, Louis et Jean, faisaient route ensemble. Tout à coup Jean aperçut sur le chemin une bourse qu'il s'empressa de ramasser.

« Quelle bonne fortune pour nous! dit Louis. Nous allons partager en frères l'argent que renferme cette bourse.

— Non, dit Jean, c'est moi qui l'ai trouvée et ce qu'elle contient n'appartient qu'à moi seul. »

Louis ne répondit rien et continua tristement sa route avec son camarade.

En traversant un bois, ils furent attaqués par des brigands.

« Nous sommes perdus! dit Jean qui craignait pour sa bourse.

— Dis, je suis perdu, lui répondit son compagnon, car pour moi je n'ai rien à craindre des voleurs. Défends-toi contre eux comme tu pourras. »

En disant ces mots, Louis prit la fuite et échappa aux brigands qui saisirent Jean et le dépouillèrent.

Quand on est dans le bonheur, on doit assister ses amis, si l'on ne veut pas être abandonné par eux dans l'infortune.

EXPRESSIONS. — **Deux voyageurs faisaient route ensemble.** *Nous irons ensemble à la campagne. Mon père et mon oncle travaillent ensemble. Ces musiciens jouent ensemble.* — **Tout à coup Jean aperçut une bourse.** *Charles taquinait son chat; tout à coup celui-ci le mordit. Un voleur était entré dans un magasin; tout à coup le marchand parut.* — **En traversant un bois, ils furent attaqués par des brigands.** *En jouant avec un couteau, Louis s'est blessé à la main. L'enfant s'endormit en écrivant son devoir. Je ramasserai des fleurs* *en me promenant. En lisant beaucoup, on devient savant. On ne doit point se pousser en jouant.* — **Je n'ai rien à craindre des voleurs.** *Tu n'as rien à manger. N'avez-vous rien à me dire? Le malade ne mange rien.*

Conversation.

— Savez-vous ce qu'on entend par voyageur?

— Oui, monsieur, un voyageur est un individu qui quitte son pays pour aller dans un autre pays.

— Et pourquoi voyage-t-on?

— On voyage pour voir des pays nouveaux, pour s'instruire ou pour faire du commerce.

— Oui, mes enfants, un voyageur de commerce est un individu qui va de ville en ville pour offrir des marchandises aux commerçants et aux négociants, qui n'ont pas besoin ainsi de se déplacer pour choisir leurs marchandises, car le voyageur de commerce apporte avec lui des échantillons pour que chacun puisse faire son choix.

— Monsieur, n'y a-t-il pas un mot pour désigner les voyageurs qui ne voyagent que par curiosité et pour leur plaisir?

— Si, mon enfant, ces voyageurs s'appellent des *touristes.*

— Et les voyageurs qui vont à la recherche de pays inconnus, comment les appelle-t-on?

— On les appelle des *explorateurs* ... Pouvez-vous me dire comment on peut voyager?

— On peut voyager à pied (ce qui doit être fatigant), à cheval ou en voiture. On peut aussi monter dans des chemins de fer et dans des bateaux à vapeur ou à voiles.

— Ne peut-on pas voyager aussi dans l'air?

— Si, monsieur, en se servant d'un ballon, mais ce doit être bien dangereux.

— En effet, mes amis, c'est dangereux, et surtout peu commode, car on n'a pas encore découvert le moyen de diriger les ballons et l'on est à la merci des vents. Dites-moi un peu, mes enfants, comment trouvez-vous la conduite de Jean?

—Nous la trouvons mauvaise, monsieur, car il devait partager le contenu de la bourse avec son compagnon de route.

— Et comment trouvez-vous la conduite de Louis?

— Monsieur, nous approuvons Louis de n'avoir pas voulu secourir Jean pour se venger de lui.

— Eh bien, mes enfants, je ne suis pas de votre avis. Je trouve que Louis aurait dû aider son camarade à se défendre, car il ne faut jamais faire le mal et il ne faut pas non plus abandonner les gens dans le malheur.

— Vous avez raison, cher maître, nous tâcherons de ne pas oublier vos conseils.

GRAMMAIRE

CONJUGAISON

PRÉSENT		FUTUR	
J'aperçois. . . .	s	J'apercevrai . . .	rai
Tu aperçois. . .	s	Tu apercevras. .	ras
Il aperçoit . . .	t	Il apercevra. . .	ra
Elle aperçoit . .		Elle apercevra. .	
Nous apercevons.	ons	Nous apercevrons	rons
Vous apercevez .	ez	Vous apercevrez.	rez
Ils aperçoivent..	ent	Ils apercevront. .	ront
Elles aperçoivent		Elles apercevront	

Exercice oral puis écrit.

Conjuguer au présent et au futur : *je reçois.*

Dictée d'imitation.

Tu reçois une lettre de ton père. J'aperçois au loin des brigands. Je dois beaucoup d'argent au boucher. Nous pouvons sortir de la ville. Pourquoi voulez-vous faire tomber cet arbre ? Le menuisier doit venir demain matin. Les domestiques reçoivent les ordres du gouverneur. J'ai trouvé une bourse remplie d'or. Quelle bonne fortune pour nous que de pouvoir jouer avec vous ! Quelle bonne fortune pour lui de vous avoir pour ami ! Ce que renferme ce sac m'appartient. Non, monsieur, ce que renferme ce sac appartient au voyageur. Des brigands habitent ce bois, je vous conseille de ne pas le traverser pendant la nuit. Des brigands m'ont attaqué dans le bois, mais j'ai échappé à leur poursuite.

EXERCICES DE LECTURE

La bouche (FIN).

A droite et à gauche des dents canines se trouvent les seize *molaires*, quatre de chaque côté en haut et en bas.

Les dents molaires sont grosses, larges et aplaties ; elles servent à broyer, à mâcher les aliments.

Enfin, à partir de l'âge de vingt ans, les quatre dernières dents commencent à pousser : ce sont *les dents de sagesse*.

Le nombre total des dents de l'homme est donc de trente-deux : huit incisives, quatre canines, vingt molaires.

Dans la bouche se trouve la *langue*.

La langue sert à parler et à porter les aliments sous les dents et dans le gosier.

La voûte de la bouche s'appelle le *palais*.

C'est par *la bouche que les aliments et les boissons* entrent dans le corps.

L'homme, pour se nourrir, est obligé de manger; il mâche et avale.

Pour parler, l'homme ouvre la bouche, remue les lèvres et la langue, et fait sortir certains sons de son gosier.

Le goût.

Le sens du *goût* a pour organes la *langue* et le *palais*. C'est le goût qui nous permet de juger si les aliments sont délicats ou grossiers, fades ou salés, amers ou doux. Le goût est moins fin que l'odorat, et moins développé. En effet, on peut saisir la plus légère émanation d'un parfum quelconque, tandis qu'on trouve tout à fait sans *saveur* un litre d'eau contenant un gramme de sel. De plus l'oreille peut saisir plusieurs sons à la fois, et c'est sur cette faculté qu'est basée l'*harmonie musicale*, tandis que le goût ne peut pas être impressionné par deux saveurs en même temps. Du reste l'odorat contribue beaucoup à la délicatesse et à la finesse du goût, car lorsqu'on a le nez bouché par un rhume de cerveau, on ne trouve presque plus de goût à ce que l'on boit ou à ce que l'on mange.

On appelle aussi goût le sens du beau, c'est-à-dire la facilité de juger et de sentir le beau, soit dans les œuvres de l'art, soit dans la nature.

17ᵉ LEÇON

Le filou.

Un voleur qui avait besoin d'une paire de souliers, s'entendit avec un de ses camarades et entra
seul dans la boutique d'un cordonnier.

Après avoir essayé plusieurs paires de chaus-

Boutique de cordonnier.

sures, il en trouva une qui
lui allait à ravir. Il fit quelques pas dans la boutique
pour s'assurer que les souliers ne le gênaient pas, et
s'approcha de la porte.

Le voleur se sauva
avec les souliers.

A ce moment, son camarade, qui attendait l'occasion favorable, lui donna un fort soufflet.

« Ah! coquin! misérable! dit l'autre, tu me le
payeras! » Et il se précipita à sa poursuite.

Les voisins se rassemblèrent, et le cordonnier
leur disait en riant : « Oh! il l'attrapera; il a de

bons souliers ! » Mais personne ne fut attrapé, si ce n'est le crédule cordonnier.

Chers enfants, n'imitez pas ces deux mauvais plaisants et n'employez jamais, je vous le répète, votre intelligence à faire le mal.

EXPRESSIONS. — **Un voleur s'entendit avec un de ses camarades.** *Il s'entendit avec son voisin pour faire ce travail. Ces marchands s'entendent entre eux pour acheter à bon marché et vendre cher. Cette femme s'entend bien avec son mari. Ces deux asssociés ne s'entendent pas.* — **Le voleur entra seul dans la boutique.** *Mon oncle demeure seul dans cette maison. Tu iras seul chez toi. Cet enfant se promène seul dans la rue.* — **Il essaya plusieurs paires de souliers.** *Achète une paire de bœufs. Lavez-moi une paire de bas. Ces deux écoliers font une bonne paire d'amis. Si tu as mal aux yeux, achète une paire de lunettes.* — **Il essaya plusieurs paires.** *J'ai plusieurs livres à vous vendre. Votre oncle est parti depuis plusieurs jours. Il est venu nous voir plusieurs fois. Plusieurs personnes ont acheté des bijoux. J'ai acheté plusieurs paires de bas.*

GRAMMAIRE

La boutique d'un cordonnier.
Le mot **boutique** *est au* **singulier** *parce qu'on ne parle que* **d'une seule** *boutique.*
Le mot **cordonnier** *est au* **singulier** *parce qu'on ne parle que d'* **un seul** *cordonnier.*
Un nom est au **singulier** *quand il n'indique qu'* **une seule** *personne ou* **une seule chose.**
Un voleur avait besoin de **souliers** — **souliers** *est au* **pluriel** *parce qu'on parle de* **plusieurs** *souliers.*
Les voisins *se rassemblèrent* — **voisins** *est au* **pluriel** *parce qu'on parle de* **plusieurs** *voisins.*

*Un nom est au **pluriel** quand il indique **plusieurs** personnes ou **plusieurs** choses.*

*Pour former le **pluriel** des **noms** et des **adjectifs** on ajoute la lettre **s** au singulier.*

Un livre, pluriel *des livre**s***.

Une fille, pluriel *des fille**s***.

Un garçon adroit, pluriel *des garçon**s** adroits*.

Une femme adroite, pluriel *des femme**s** adroites*.

Exercice oral.

Trouver les noms au singulier puis les noms au pluriel contenus dans le texte.

Exercice d'invention.

Écrire dix noms au singulier, dix noms au pluriel, en les accompagnant d'un adjectif.

Exercice écrit.

Copier les mots suivants au singulier et au pluriel. — Le chien, la boucherie, la rivière, l'arabe, la source, le sac, la chèvre, le mouton, le paysan, le poisson, le pêcheur, le panier, le lièvre, la bête, l'aigle, le tailleur, la pomme, l'éléphant, la classe, la leçon, la ville, l'enfant, le gouverneur, l'esclave, le roi, le singe, la ménagerie, le voleur, le soufflet, le voisin.

EXERCICE DE LECTURE

La main (LE TOUCHER).

Le sens du *toucher* est répandu sur toute la surface de notre corps, mais la main en est l'organe principal. C'est par le *tact* ou *toucher* que nous reconnaissons qu'un corps est chaud ou froid, solide ou liquide, dur ou mou, rude ou poli, rond ou carré. Le sens de la vue aide aussi à reconnaître si un objet est long ou court, rond ou carré, par exemple.

Certains aveugles ont le sens du tact excessivement développé. En passant les doigts sur une pièce de monnaie, ils en disent immédiatement la valeur. Ils ont des livres où les lettres sont légèrement en relief; ils passent simplement le doigt sur les lettres, et lisent aussi rapidement qu'un autre avec les yeux. Les aveugles ont aussi l'oreille très fine, et distinguent nettement la nature du moindre bruit. Le sens de la vue leur manquant, le sens de l'ouïe et celui du toucher se sont considérablement développés chez eux.

18ᵉ LEÇON

TEXTE

Honnêteté rare.

Deux cultivateurs comparurent un jour devant un juge. L'un d'eux dit au magistrat : « Mon voisin m'a vendu dernièrement un morceau de terre. Hier, en labourant ce terrain, j'ai trouvé cette bourse pleine d'or. Je ne peux donc pas la garder, car je n'ai acheté que la terre, et je n'ai aucun droit sur cet or. »

Le voisin dit à son tour au juge : « Ce n'est pas moi qui ai enfoui cette bourse dans le sol; et, comme j'ai vendu la terre telle qu'elle était et avec tout ce qu'elle renfermait, je ne peux pas prendre cet or. »

Le juge, émerveillé de la bonne foi et de

l'honnêteté de ces deux hommes s'écria : « Je suis bien certain que voilà la première fois qu'une affaire de ce genre se présente devant la justice !... Vous, dit-il à l'un d'eux, vous avez un fils ; et vous, dit-il à l'autre, vous avez une fille. Mariez vos enfants ensemble, et donnez-leur cette bourse, afin qu'elle leur serve à acheter un champ et à élever une famille. »

L'honnêteté est toujours récompensée.

EXPRESSIONS. — **Je n'ai aucun droit sur cet or.** *Le gouverneur n'a aucun droit sur nous. Nous n'avons aucun droit sur cette propriété. Le juge n'a pas le droit de me mettre en prison.* — **Le voisin dit à son tour au juge.** *Chacun des témoins parlera à son tour. Vous entrerez à votre tour. Dans les rues étroites, les voitures passent chacune à son tour. Ne parlez pas tous ensemble : parlez à tour de rôle.* — **Ce n'est pas moi qui ai enfoui cette bourse.** *C'est moi qui ai parlé. C'est toi qui as déchiré le rideau. C'est lui qui est venu le premier. C'est nous qui irons vous voir. C'est vous qui nous attendrez. Ce sont eux qui ont voulu partir.* — **Le juge fut émerveillé de la bonne foi de chacun.** *Les négociants qui vendent de bonne foi s'enrichissent. On estime les personnes de bonne foi. J'ai cru que cet homme était de bonne foi.* — **Je suis bien certain que voilà la première fois qu'une affaire de ce genre se présente.** *Mon maître était bien certain que je serais le premier en classe. J'étais bien certain que vous auriez le prix. Nous sommes bien certains que vous n'aimez pas le travail. Etes-vous certain que vous réussirez ?*

QUESTIONNAIRE. — *Qu'est-ce qu'un cultivateur ? Qu'est-ce qu'un juge ? Qu'avait vendu l'un des cultivateurs à son voisin ? Qu'avait trouvé ce voisin en labou-*

rant le morceau de terre qu'il avait acheté? Pourquoi ne voulait-il pas garder cette bourse? Que dit le vendeur au magistrat? Voulut-il accepter la bourse? De quoi le juge fut-il émerveillé? Avait-il eu souvent à se prononcer dans des affaires semblables? Quel conseil donna-t-il aux deux cultivateurs?

GRAMMAIRE

CONJUGAISON

PASSÉ INDÉFINI	IMPARFAIT	
J'ai aperçu	J'apercevais	ais
Tu as aperçu	Tu apercevais	ais
Il a aperçu	Il apercevait	ait
Elle a aperçu	Elle apercevait	
Nous avons aperçu	Nous apercevions	ions
Vous avez aperçu	Vous aperceviez	iez
Ils ont aperçu	Ils apercevaient	aient
Elles ont aperçu	Elles apercevaient	

Premier exercice.

Copier chacune des phrases suivantes et la mettre ensuite au pluriel :

Tu as aperçu le roi dans une voiture. Le gouverneur a perçu les impôts. J'ai reçu une lettre de notre oncle. Tu as dû de l'argent à l'épicier. Le domestique a aperçu des rats dans cette cave. J'ai reçu des nouvelles de mes amis. Il a dû arriver à la ville. Tu as reçu une caisse de fruits.

Deuxième exercice.

Recopier l'exercice suivant en mettant les verbes à l'imparfait.

Dictée d'imitation.

Un cultivateur a vendu un morceau de terre à son voisin. Ce voisin a labouré son terrain avec une charrue en bois. En labourant, ce cultivateur a trouvé, sous une grosse pierre, une bourse pleine de pièces d'or. L'homme n'a pas gardé cette bourse, parce qu'il n'avait pas le droit de le faire. Le vendeur n'a pas voulu accepter les pièces d'or qui étaient dans la bourse. Il a dit au magistrat : « Ce n'est pas moi qui ai enfermé cet or dans la bourse. J'ignore qui a enfoui cette bourse dans le sol. Je ne peux pas recevoir cet argent. » Le juge a admiré la bonne foi des deux cultivateurs.

EXERCICE DE LECTURE

Le bras.

Les membres se composent des *bras* et des *jambes*.

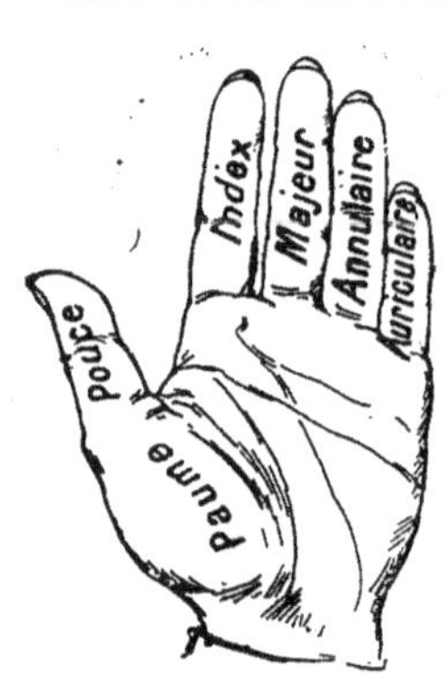

La main.
Les noms des doigts.

Chaque bras est formé du *bras*, de l'*avant-bras* et de la *main*.

Le bras est relié au tronc par l'*épaule*.

L'avant-bras est relié au bras par le *coude*.

Entre la main et l'avant-bras se trouve le *poignet*.

Dans la main, il y a le *dos de la main*, la *paume*, le *creux* et les *doigts*.

Chaque main est terminée par cinq doigts : le *pouce* ou *gros doigt*; l'*index* qui sert à montrer, à indiquer les objets; le *médium* ou *majeur*, qui se trouve au milieu des autres doigts; l'*annulaire*, ainsi appelé parce qu'on y met les bagues, les anneaux, et le *petit doigt* ou *auriculaire*, ainsi nommé parce qu'on s'en sert souvent pour se curer, c'est-à-dire se nettoyer les oreilles.

Au bout des doits sont les *ongles*.

Le pouce a deux *phalanges*.

Chacun des quatre autres doigts a trois phalanges.

Le bras sert à porter. La main sert à saisir les objets et à les tenir.

L'homme se sert plus souvent de la main droite que de la main gauche. On appelle *gaucher* un individu qui se sert de sa main gauche plutôt que de sa main droite.

Un *manchot* est un homme auquel il manque un bras.

19ᵉ LEÇON

TEXTE

La langue et le cœur.

Un homme dit un jour à son domestique :

« Prends une brebis dans mon troupeau, va l'égorger et apporte-moi ce qu'elle renfermera de meilleur. »

Le domestique exécuta les ordres de son maître et lui apporta le cœur et la langue de l'animal.

Le lendemain, le maître dit de nouveau à ce même domestique de prendre une autre brebis, de l'égorger et de lui apporter ce qu'elle renfermerait de plus mauvais.

Le serviteur rapporta une seconde fois le cœur et la langue de la victime.

« Que signifie cette manière d'agir ? demanda l'homme.

— **Maître**, répondit le domestique, il n'y a rien de meilleur que la langue et le cœur quand ils sont bons, et rien de plus détestable lorsqu'ils sont mauvais. »

EXPRESSIONS. — **Apporte-moi ce qu'elle renferme de meilleur.** *Monsieur, voici ce que j'ai de meilleur comme étoffe. Mon voisin m'envoie ce qu'il a de meilleur parmi les fruits de son jardin. Si ce drap ne vous plaît pas, j'en ai de meilleur.* — **Le maître dit de nouveau à ce domestique.** *L'instituteur nous a dit de nouveau de ne pas crier si fort. Si cet homme ne part pas, je lui dirai de nouveau de s'en aller. Que savez-vous de nouveau?* — **Que signifie cette manière d'agir?** *Vous ne connaissez pas la manière d'agir de votre ami. Cet élève n'a pas une bonne manière d'écrire.* — **Le cœur de l'animal.** *Le cœur d'un fruit; le cœur de la ville; le cœur de l'été.*

Conversation.

— Quel est le titre de ce petit morceau?

— La langue et le cœur.

— Ces deux mots « la langue et le cœur » vont me donner l'occasion de vous apprendre plusieurs expressions françaises... Savez-vous ce que signifient ces mots : *Il a la langue bien pendue?*

— Je connais, monsieur, cette expression; elle signifie ceci : « Il parle facilement et beaucoup. »

— Oui. Et cette phrase : *Cette femme est une méchante langue,* que veut-elle dire?

— Elle veut dire, monsieur : « Cette femme dit du mal de tout le monde. »

— Est-ce qu'il faut *retenir sa langue,* mes enfants?

— Oui, monsieur, il faut souvent la retenir, pour

éviter de dire des sottises, ou de faire de la peine à quelqu'un.

— Quand on dit d'un homme qu'il a *la langue dorée*, qu'est-ce que cela peut bien vouloir dire?... Personne ne me répond?

— Non, monsieur, personne ne comprend cette expression.

— Elle signifie, mes petits amis, que cet homme parle avec facilité, avec élégance, et qu'il enchante les personnes qui l'entendent... — Antoine, votre camarade Félix m'a dit un jour cette phrase : « Monsieur, j'ai le mot sur *le bout de la langue*. » Qu'a-t-il voulu dire par là?

— Il a voulu dire, monsieur, qu'il connaissait bien le mot que vous demandiez, mais qu'il ne pouvait pas se le rappeler au moment où il parlait.

— Quand on dit : *Cet interprète parle plusieurs langues*, qu'est-ce qu'on veut dire?

— On veut dire qu'il connaît la manière de s'exprimer de plusieurs peuples. Le mot langue signifie dans ce cas *langage*.

— Cela suffit. Dans une autre conversation nous examinerons différentes expressions renfermant le mot *cœur*.

GRAMMAIRE

On écrit **un troupeau,** **des troupeaux,**
un feu, **des feux.**

Quand un nom est terminé par **au** *ou par* **eu**, *au singulier, on ajoute un* **x** *pour former le pluriel.*

On écrit **la brebis,** **les brebis.**
la voix, **les voix.**
le nez, **les nez.**

Quand un nom est terminé par **s**, **x** *ou* **z**, *au singulier, on n'ajoute rien au pluriel.*

CONJUGAISON

PRÉSENT	IMPARFAIT
Je vais [1]	J'allais
Tu vas	Tu allais
Il va	Il allait
Elle va	Elle allait
Nous allons	Nous allions
Vous allez	Vous alliez
Ils vont	Ils allaient
Elles vont	Elles allaient

PASSÉ INDÉFINI	FUTUR
Je suis allé	J'irai
Tu es allé	Tu iras
Il est allé	Il ira
Elle est allée	Elle ira
Nous sommes allés	Nous irons
Vous êtes allés	Vous irez
Ils sont allés	Ils iront
Elles sont allées	Elles iront

Exercice.

Écrire au singulier et au pluriel les mots suivants :

Le mois, le matelas, la langue, la perdrix, le palais, le puits, le cœur, la noix, le repas, le domestique, la souris, le choix, le maître, le tas, le bas, le lieu, le moineau, le troupeau, le neveu, le morceau, le tonneau, le bateau, le cheveu, le noyau, le tapis, le dos, le jaloux, le radis, le pois, le marteau, le couteau, le chevreau, l'oiseau.

1. Il est de toute urgence de commencer de bonne heure l'étude des verbes irréguliers. Le maître fera apprendre soigneusement les verbes et exercera les élèves à les employer dans des phrases, en faisant faire en classe de nombreux exercices oraux.

EXERCICE DE LECTURE

Les jambes.

La jambe se compose de trois parties : la *cuisse*, la *jambe* et le *pied*.

La cuisse est reliée au tronc par l'*aine*.

La jambe est reliée à la cuisse par le *genou*.

Le pied est relié à la jambe par les *chevilles*.

La partie charnue qui se trouve derrière la jambe s'appelle le *mollet*.

Le dessous du pied s'appelle la *plante* des pieds.

Le derrière du pied est le *talon*.

Au bout de chaque pied il y a cinq doigts qu'on appelle aussi *orteils*.

Le plus gros doigt du pied s'appelle le *gros orteil*.

A l'extrémité des doigts du pied sont aussi des *ongles*.

Quelquefois les chaussures trop étroites font venir des *cors* sur les orteils.

Un homme qui *a les jambes tortues* est un *bancal*.

Lorsqu'un individu a une jambe plus courte que l'autre ou qu'il est blessé au pied, il *boite* : il est *boiteux*.

Avec ses jambes, l'homme monte et descend, marche et court.

20ᵉ LEÇON

TEXTE

L'enfant et les noisettes.

Un enfant vit un pot dans lequel on avait mis des figues sèches, des amandes et des noisettes.

Poussé par la gourmandise, il introduisit sa main dans le pot et prit une pleine poignée de fruits. Mais l'orifice du pot, qui était assez grand

Le gourmand ne peut pas retirer sa main pleine de fruits.

pour laisser passer la main ouverte, était trop étroit pour laisser sortir la main fermée et pleine. Aussi l'enfant, ne pouvant retirer sa main pleine de fruits secs, se mit à crier et à pleurer. Sa mère, en l'entendant crier, arriva et gronda le petit gourmand. « Prends moitié moins de fruits que tu ne l'as fait tout d'abord, lui dit-elle, et tu pourras retirer ta main. »

Enfants, sachez modérer vos désirs.

EXPRESSIONS.. — **Il prit une pleine poignée de fruits.** *J'ai acheté un plein panier de fruits. Il a mangé une pleine assiette de potage. Il a bu un plein verre de vin. Il a ramené du pré une pleine voiture de fourrage.* — **Prends moitié moins de fruits.** *Vous avez moitié moins que moi d'argent. J'en ai moitié plus que vous. Nous avons récolté moitié moins de blé que notre voisin. Vous avez porté moitié moins de sacs que nous.*

Conversation.

— Que pensez-vous du jeune garçon dont il est question dans cette histoire?

— Nous pensons, monsieur, qu'il était quelque peu gourmand.

— Pourquoi le trouvez-vous gourmand?

— Parce qu'il voulait prendre une grosse poignée de noisettes et de figues au lieu d'en prendre quelques-unes seulement.

— Sa mère le gronda-t-elle?

— Oui, monsieur, elle le gronda, mais doucement, car *le cœur* d'une mère est toujours indulgent.

— C'est bien vrai, mes amis. Si vos mères n'étaient pas indulgentes, je crois qu'il y aurait beaucoup d'enfants qui seraient souvent grondés et sévèrement.

— Oui, monsieur, nos mamans sont bien bonnes; aussi les aimons-nous *de tout notre cœur*.

— Vous faites bien, mes amis. Je vois que vous avez tous *bon cœur*. Tant mieux! C'est si vilain d'avoir *mauvais cœur*, de ne pas aimer ses parents, ses camarades, son prochain! Vous autres, qui êtes bons, vous ferez tous plus tard des *hommes de cœur* et vous rendrez service à votre pays. On ne dira jamais de l'un de vous : c'est *un sans cœur*, c'est un égoïste.

— Nous espérons que non, cher maître. Du reste *nous avons à cœur* de suivre vos conseils, de retenir les leçons que vous nous donnez à apprendre *par cœur*. Nous venons en classe de *bon cœur* et nous tâchons *d'avoir du cœur au travail*.

— Ce que vous dites là, mes enfants, *me réjouit le cœur*.

— Monsieur, voulez-vous me permettre de vous *parler à cœur ouvert?*

— Oui, mon ami, dites franchement ce que vous voulez dire.

— Eh bien, monsieur, mon père disait hier à ma mère : « L'instituteur de Félix est vraiment un maître habile. Il s'efforce *de former le cœur* des enfants, tout en les instruisant. Il se fait craindre des élèves, tout en les punissant peu. Aussi *a-t-il gagné tous les cœurs.* »

— Je vous remercie, mon cher enfant, des paroles que vous venez de me dire et je vous prie de remercier votre père en mon nom de la bonne opinion qu'il a de moi... Si vous saviez comme j'ai le *cœur serré* quand je vois un élève se conduire mal ou ne pas travailler ! Aussi je suis heureux, cette année, d'avoir des enfants aussi studieux que vous... Allons, l'heure de la classe est achevée, allez jouer et donnez-vous-en *à cœur joie.*

GRAMMAIRE

CONJUGAISON

PRÉSENT			PASSÉ INDÉFINI
Je romps	. . . . .	*s*	J'ai rompu
Tu romps	. . . . .	*s*	Tu as rompu
Il ou elle rompt	. .	*t*	Il ou elle a rompu
Nous rompons	. . .	*ons*	Nous avons rompu
Vous rompez	. . . .	*ez*	Vous avez rompu
Ils ou elles rompent.		*ent*	Ils ou elles ont rompu

IMPARFAIT			FUTUR		
Je rompais	. . . .	*ais*	Je romprai.	. . . .	*rai*
Tu rompais	. . . .	*ais*	Tu rompras.	. . . .	*ras*
Il ou elle rompait	.	*ait*	Il ou elle rompra	. .	*ra*
Nous rompions	. . .	*ions*	Nous romprons	. . .	*rons*
Vous rompiez	. . .	*iez*	Vous romprez.	. . .	*rez*
Ils ou elles rompaient		*aient*	Ils ou elles rompront		*ront*

Exercice.

Conjuguer les verbes suivants : je rends, tu rends, il ren*d*, etc. ; j'ai rendu, etc. — Je prends, il pren*d*, etc. ; je prenais, tu prenais, etc. ; j'ai pris, etc. — J'attends, il atten*d*, etc. ; j'attendais, etc. ; j'ai attendu, etc. — Je perds, il per*d*, etc. ; je perdais, etc. ; j'ai perdu, etc. — Je mords, il mor*d*, etc. ; je mordais, etc. ; j'ai mordu, etc. — J'introduis, etc. ; j'introduisais, etc. ; j'ai introduit, etc.

Dictée d'imitation.

Nous avons mis des fruits secs dans ce pot. Ce panier et ce sac sont pleins de figues sèches. On mange les noisettes fraîches ou sèches. Vous avez pris une pleine poignée d'amandes vertes. L'enfant a introduit sa main dans le panier et a pris une pleine poignée de fruits secs. Le voleur introduisait sa main dans le tiroir et prenait de l'argent. Prends ton temps lorsque tu fais quelque chose. Le voleur dit à son compagnon : « Si tu vois venir le propriétaire du magasin, prends la fuite. » Attends-moi un instant. Je te rends le livre que tu m'as prêté ; je l'ai lu et je l'ai compris.

EXERCICES DE LECTURE

Les fleurs.

C'est un des spectacles les plus admirables que de voir au printemps les plantes et les arbres couverts de belles *fleurs*.

Les jardins sont ornés de jasmins, de roses, de lis, d'œillets, de dahlias, de giroflées, de violettes, etc.

Le coquelicot, la marguerite, la pâquerette, le

bouton d'or, etc., sont parsemés sur le tapis des prairies et l'émaillent de mille couleurs.

Avec les fleurs qu'on cultive dans les jardins et avec les fleurs des champs, on fait de magnifiques *bouquets* qui ornent et embaument nos demeures.

Avec certaines fleurs *odorantes*, on fait des *essences*, telles que l'essence de rose, l'essence de jasmin, l'eau de fleur d'oranger, etc., qui servent à parfumer les mouchoirs, les vêtements, les chambres.

L'homme est arrivé à faire avec du papier de différentes couleurs, et même des étoffes, des *fleurs artificielles*, qui imitent, à s'y tromper, les *fleurs naturelles*.

Les fruits.

Après les fleurs viennent les fruits.

Il y a plusieurs sortes de fruits : les fruits à *noyau*, les fruits à *pépins*, les *baies*, et les fruits à *enveloppe dure*.

Les fruits à noyau sont des fruits charnus, juteux, et au milieu desquels se trouve un seul noyau ; les pêches, les abricots, les prunes, les cerises, etc., sont des fruits à noyau.

Les fruits à pépins sont également charnus et juteux, mais ils ont à l'intérieur, au lieu d'un seul noyau, plusieurs pépins. Telles sont les oranges, les pommes, les poires, les figues, la banane, les nèfles, etc.

Les baies sont des fruits mous et arrondis, renfermant une ou plusieurs graines à l'intérieur. Le raisin, la groseille, etc., sont des baies.

Les amandes, les noix, les noisettes, les châtaignes, les marrons, etc., sont des fruits à enveloppe dure. On peut les sécher et les conserver assez longtemps.

Avec certains fruits, tels que les abricots, les prunes, les cerises, les oranges, on fait d'excellentes *confitures* qui constituent un *aliment sain et savoureux*.

Les fruits ne doivent être mangés que lorsqu'ils sont arrivés à parfaite maturité, sinon ils peuvent être nuisibles.

21ᵉ LEÇON

TEXTE

Recommandations d'un père mourant à ses enfants.

Un père, sentant qu'il allait bientôt mourir, appela auprès de lui ses enfants et leur fit les recommandations suivantes :

« Mes enfants, aimez-vous avec tendresse ; écoutez les conseils de vos aînés et restez toujours unis, afin de pouvoir triompher de toutes les difficultés de l'existence.

« Respectez les vieillards, secourez les pauvres et les orphelins, faites l'aumône à tous ceux que vous verrez malheureux.

« Ne soyez pas ambitieux ; ne portez pas envie à votre prochain ; ne vous montrez pas avares, tout en n'étant pas prodigues ; ne vous laissez pas aller à la colère, car elle est mauvaise conseillère. »

(A suivre.)

EXPRESSIONS. — **Sentant qu'il allait mourir.**
Le maçon, sentant qu'il allait tomber, s'accrocha à une

planche. L'enfant, sentant que sa mère allait le gronder, se cacha. — **Ne vous montrez pas avares.** *Ne vous montrez jamais grossiers. Montrez-vous toujours bons. Montre-toi indulgent.* — **La colère est mauvaise conseillère.** *Le chagrin est mauvais conseiller. La haine est une mauvaise conseillère.*

Conversation.

— Savez-vous quelle expression on emploie pour indiquer qu'une personne est sur le point de mourir ?

— Oui, monsieur, on dit qu'elle est à l'agonie.

— On dit aussi, monsieur, qu'elle est à l'article de la mort.

— Oui, c'est cela. Que signifie cette expression : Aimez-vous avec tendresse ?

— Elle signifie : aimez-vous beaucoup ; aimez-vous le plus possible.

— Pourquoi faut-il écouter les conseils de ses aînés ?

— Parce qu'ils ont plus d'expérience.

— Que signifie cette expression : triompher de toutes les difficultés ?

— Cela veut dire : vaincre toutes les difficultés, les faire disparaître.

— Quand on dit : « Ces deux frères sont restés unis toute leur vie, » qu'est-ce que cela veut dire ?

— Cela signifie qu'ils ont toujours été d'accord, qu'ils se sont toujours bien aimés.

— Faut-il respecter les vieillards ?

— Oui, monsieur, toujours.

— Un enfant juif, par exemple, doit-il respecter un vieillard musulman ?

— Certainement, monsieur.

— Et un enfant musulman, doit-il respecter un vieillard juif ?

— Également, monsieur.

— Vous avez raison, mes amis, et je suis content de vous voir répondre ainsi... Qu'est-ce qu'un orphelin?

— On appelle orphelin un enfant qui a perdu son père et sa mère.

— Oui, ou bien un enfant qui a perdu son père seulement ou sa mère seulement. On dit alors qu'il est orphelin de père ou orphelin de mère... Quand on a fait l'aumône à un pauvre faut-il aller le dire à tout le monde?

— Non, monsieur, il faut faire l'aumône pour le plaisir de faire l'aumône.

— En effet. Il y a même un proverbe qui dit : « Il faut que la main gauche ignore ce que la main droite a donné. »

GRAMMAIRE

Un animal,   pl. *des anim**aux**.*

*Pour former le pluriel des noms et des adjectifs terminés au singulier par **al**, on change au pluriel **al** en **aux**. Ex. :*

Le cheval,   pl. *les chev**aux**,*
Un cadeau royal,   pl. *des cadeaux roy**aux**.*

Il y a cependant quelques noms et quelques adjectifs terminés par **al** qui prennent un **s** au pluriel. Ex. : *un bal,* pl. *des bal**s**; — un chacal,* pl. *des chacal**s**; — un froid glacial,* pl. *des froids glacial**s**.*

Un travail,   pl. *des trav**aux**.*
Un bail,   pl. *des b**aux**.*

*On forme le pluriel des mots terminés par **ail**, en changeant **ail** en **aux**.*

Les mots *détail, gouvernail* et quelques autres font exception. Ils prennent un **s** au pluriel : *des détails.*
Le mot *bétail* fait au pluriel *bestiaux.*

Exercices.

1° Copier les phrases suivantes :
Ce général a gagné une grande bataille. L'animal est utile à l'homme. J'ai envoyé ce malade dans cet hôpital. As-tu lu ce journal? Faites le total de cette addition. Ce canal amène l'eau à la ville. L'amiral commande une flotte. Il faut mettre un fanal au haut de ce mât. Il faut endurer courageusement ce mal. Si vous ne me rendez pas justice, je m'adresserai au tribunal. Combien voulez-vous vendre ce cheval? J'ai aperçu un cheval dans la broussaille. Il fait dans ce pays un vent glacial.

2° Recopier ces phrases au pluriel.

3° Copier les phrases suivantes :
Les tribunaux ont condamné ces brigands. Quel liquide avez-vous mis dans ces bocaux? Vos chevaux ont gagné les courses. Pourquoi ne m'avez-vous pas envoyé mes journaux? Les troupes obéissaient à leurs généraux. Les flottes arrivaient près du port sous le commandement de leurs amiraux. L'eau arrive dans ces bassins par ces canaux. J'ai de violents maux de tête. Les chiens sont des animaux domestiques. Vérifiez les totaux de ces additions. Les hôpitaux de la ville sont propres. Vous avez oublié d'allumer les fanaux.

4° Recopier ces phrases au singulier.

EXERCICE DE LECTURE

Les aliments et les boissons.

L'homme, comme tous les animaux, est obligé de se *nourrir* pour *vivre.* Il fait plusieurs *repas* par jour :

le matin, il *déjeune;* à midi, il *dine;* le soir, il *soupe.*
Il fait aussi, vers quatre heures de l'après-midi, une
légère *collation* qu'on nomme *goûter.*

Un individu qui mange bien a un bon *appétit.*

Un individu qui mange peu est *sobre;* celui qui
mange plus qu'il ne devrait le faire est *vorace* et
glouton. Celui qui aime une nourriture délicate et sait
l'apprécier est un *gourmet;* celui qui mange avec avi-
dité et recherche les bonnes choses est un *gourmand.*

On a *faim* lorsqu'on n'a pas mangé depuis longtemps.

On est *rassasié* lorsqu'on n'a plus faim.

On a *soif* lorsqu'on éprouve le besoin de boire.

Lorsqu'on a suffisamment bu on est *désaltéré.*

L'homme mange toute sorte d'*aliments,* des fruits,
des légumes, du poisson et de la chair.

Un animal qui mange de la chair est un *carnivore;*
celui qui mange de l'herbe est un *herbivore.*

Un repas *copieux* est un repas dans lequel on sert
en abondance beaucoup de plats. Un repas *frugal* est,
au contraire, un repas où il y a peu de choses à manger, un repas composé plus spécialement de *fruits.*

Le principal aliment de l'homme est le *pain,* qui se
fait avec de la farine de blé, d'orge ou de seigle.

Le cultivateur produit ces céréales, que le meunier
réduit en farine dans son moulin. Le boulanger fait
avec la farine de la pâte qu'il pétrit avec soin. Il la fait
cuire ensuite au four et cette pâte cuite forme le pain.

La partie extérieure du pain s'appelle la croûte, la
partie intérieure, la mie.

Il ne faut jamais gaspiller le pain, qui est si nécessaire à l'homme. Que de sueurs coûte aux hommes
un simple morceau de pain !

22ᵉ LEÇON

TEXTE

Recommandations d'un père mourant à ses enfants (SUITE).

« Travaillez beaucoup, mes chers enfants, car le travail ennoblit l'homme et lui assure l'indépendance. Ne vous laissez jamais aller à la paresse, car elle vous entraînerait à votre perte.

« Mes chers enfants, lorsque je serai mort, ayez pour votre mère toute l'affection qui lui est due. Veillez à ce qu'elle ne manque de rien et qu'elle n'ait rien à regretter après mon départ. C'est elle qui vous a donné le jour, qui vous a élevés, qui vous a soignés lorsque vous étiez petits, qui a pleuré lorsque vous étiez malades, qui a souffert lorsque vous étiez absents.

« Respectez aussi, mes bons enfants, les lois de votre pays ; obéissez à vos chefs et soumettez-vous aux décisions de la justice. »

(A suivre.)

EXPRESSIONS. — **La paresse vous entraînerait à votre perte.** *Le jeu l'entraînera à sa ruine. Votre orgueil vous entraînera à faire des dépenses. Ce roi a entraîné son voisin à la guerre.* — **Elle ne manque de rien.** *Nous ne manquons de rien. Il manque du nécessaire. Il ne me manque plus que dix francs pour pouvoir acheter un cheval. Tout manque à la maison.* — **Soumettez-vous aux décisions de la justice.** *Il faut se soumettre aux règlements de son pays. Un enfant bien élevé doit se soumettre à la volonté de ses parents.*

GRAMMAIRE

Lorsqu'on veut *ordonner* ou *commander* quelque chose à quelqu'un, on emploie l'***impératif,*** qui se conjugue de la manière suivante :

sois	aie	porte . .	*e*	remplis. . .	*is*
soyons	ayons	portons .	*ons*	remplissons.	*ons*
soyez	ayez	portez . .	*ez*	remplissez..	*ez*

aperçois . . .	*s*	romps	*s*
apercevons. .	*ons*	rompons. .	*ons*
apercevez. . .	*ez*	rompez. . .	*ez*

REMARQUE. — L'impératif singulier prend un *s* à la fin, à moins qu'il ne soit terminé par *e muet*. Ex. : *demande, aime, ouvre, cueille*, etc.

Exercice.

1° Conjuguer à l'impératif les verbes donnés en exercice aux leçons 9°, 12°, 14°, 16°, 19° et 22°.

2° Copier l'exercice suivant :

Achète un cheval. Demande de l'argent à ton ami. Salue le gouverneur. Ote ce livre. Donne une récompense à cet élève. Étudie ta leçon. Écoute mes recommandations. Cache bien ta bourse. Retourne chez tes parents. Écoute ce récit. Épargne ton argent. Porte ce pain à la maison. Lave tes habits. Brosse tes souliers. Regarde ta figure dans la glace. Pardonne à cet enfant sa faute. Raconte-lui une histoire.

3° Recopier cet exercice d'abord en ajoutant la terminaison *ons* aux verbes, puis la terminaison *ez*.

4° Copier l'exercice suivant :

Punissez mon fils s'il n'est pas sage en classe. Remplissez ce tonneau d'eau. Choisissez le fusil qui vous plaira. Obéissez à nos chefs. Gémissez, car votre mère est morte. Guérissez ce malade. Ensevelissez ce mort. Avertissez ses parents. Finissez vite ce travail. Recevez cet étranger dans votre palais. Ouvrez les portes. Cueillez quelques fleurs dans le jardin. Rendez le livre que j'ai vu dans votre chambre. Défendez à votre enfant de jouer dans la rue.

5° Recopier cet exercice en mettant les verbes au singulier.

Dictée d'imitation.

Cherchez à vous instruire, mes enfants, pendant que vous êtes jeunes. Applique-toi à bien faire tes devoirs. Orne ton intelligence plutôt que ton corps. Réfléchissez toujours avant de parler. Écoute les conseils de tes amis. Réponds poliment lorsqu'on t'interroge. Efface ce que tu as écrit au tableau. Chassez le chien qui est entré dans la chambre. Pardonne les injures. Sois docile et obéissant. Répondez avec intelligence aux questions que je vous pose. Ayez pitié des malheureux. Ne sois pas avare, tout en n'étant pas prodigue. Aie honte de ta paresse.

EXERCICE DE LECTURE

Les aliments et les boissons (SUITE).

La viande, le *poisson*, les *légumes* et les fruits sont les autres aliments que l'homme mange fréquemment. Le *boucher* tue, abat ou égorge à *l'abattoir* les animaux dont il vend la viande dans sa *boucherie*. Ces animaux sont : le *bœuf*, le *mouton*, le *veau*, *l'agneau*, le *porc*. On mange aussi de la viande de *vache*, de chèvre, de *chevreau* et de *brebis*. Dans certains pays, on mange même de la viande de cheval, de *mulet* et d'âne.

L'homme se nourrit aussi de la chair des *volailles*

(poules, *coqs*, *canards*, *oies*, dindons, etc.), des lapins, des lièvres, des *perdrix*, des *cailles*, etc.

Les *poissons* sont pris à la ligne ou dans les filets par les *pêcheurs*, soit dans la mer, soit dans les rivières ou dans les lacs.

Les *légumes* sont aussi pour l'homme une nourriture excellente. Il mange cuits les *haricots*, les *petits pois*, les *navets*, les *carottes*, les *choux*, les *choux-fleurs*, les *tomates*, etc. Il mange crus, les *radis*, la salade, les melons, les *pastèques*, les *concombres*.

Les *fruits* doivent être mangés bien mûrs. Verts, ils peuvent occasionner des douleurs d'*entrailles* qu'on appelle des *coliques*. Les fruits se mangent habituellement crus. Cependant il y en a quelques-uns qu'on fait cuire. Les fruits sont un aliment sain à la condition qu'on en mange avec *modération*.

L'homme fait cuire la plupart de ses aliments. Pour leur donner plus de *saveur*, il les *assaisonne*, c'est-à-dire qu'il y met des *condiments* et des *épices*. Le *sel* est un condiment pour ainsi dire *indispensable*. Il est très répandu dans la nature. Les principales épices sont : le poivre, le girofle, la muscade et la cannelle.

Les épices se trouvent principalement chez l'*épicier*, qui vend aussi du sucre, du café, du chocolat, du riz, des lentilles, des macaronis, etc.

23ᵉ LEÇON

TEXTE

Recommandations d'un père mourant
à ses enfants (FIN).

« Rappelez-vous aussi, mes chers enfants, ces paroles :

« Celui qui détient ce qui ne lui appartient pas est un voleur; celui qui oublie les bienfaits est un ingrat; celui qui ne soutient pas ses parents dans la détresse est un infâme; celui qui ne convient pas de ses torts et qui prétend avoir toujours raison est un présomptueux et un sot; celui qui trahit son pays est un traître.

« Lorsque je serai mort, mes chers enfants, n'attristez pas votre mère par vos pleurs; tâchez, au contraire, de la consoler. Souvenez-vous alors que je vous ai beaucoup aimés, et que j'ai cherché à vous élever dans le bien. »

EXPRESSIONS. — Cet objet m'appartient. *Cette maison m'appartient. Je suis le propriétaire de cette maison. Cette maison est ma propriété. A quelle famille appartient cet empereur? Il vous appartient de décider ce qu'il faut faire.* — **Il soutient ses parents.** *Cette colonne soutient le plancher. Ce gros mur soutient cet édifice. Je soutiens que j'ai raison. Pourquoi soutenez-vous ce mensonge?* — **Il convient de ses torts.** *Je conviens aussi de mes torts. Il ne veut jamais convenir qu'il a tort. Convenez-vous que j'ai raison? Nous avons convenu que nous irions vous voir un de ces jours. Convenez tout de suite du jour. Cette manière de faire ne me convient pas. Votre langage ne me convient pas. Il ne me convient pas de faire cela.*

GRAMMAIRE

Quand vous dites : « *J'ai vu* **le** *roi* », vous indiquez bien *quel roi* vous avez vu, vous le *déterminez*.

Quand vous dites au contraire : « *J'ai vu* **un** *roi* », vous n'indiquez pas *quel roi*, vous ne le *déterminez* pas.

Les mots *le, la, les* ont pour propriété de *déterminer* les noms. Ce sont des **articles**.

L'article *est donc un mot qu'on place devant un nom pour indiquer que ce nom est* **déterminé**.

Le se met devant les noms *masculins :* **le cheval**.

La se met devant les noms *féminins :* **la jument**.

Les se met devant les noms au *pluriel* (masculins et féminins) : **les chevaux, les juments**.

Lorsque le nom, masculin ou féminin, commence par une **voyelle** *ou un* **h muet,** *on supprime la voyelle* **e** *ou* **a** *de l'article et on la remplace par une* **apostrophe** (')*.* Ex. :

L'ouvrage pour **le** *ouvrage ;*

L'image pour **la** *image ;*

L'habit pour **le** *habit ;*

L'histoire pour **la** *histoire.*

Dans ce cas, l'article s'appelle article **élidé**.

On ne doit pas dire **à le** *ni* **de le**, *excepté devant un mot commençant par une* **voyelle** *ou un* **h muet.** *Il faut dire* **au** *et* **du.** Ex. :

Il a écrit **au roi** *et non* **à le roi**.

Il est sorti **du jardin** *et non* **de le jardin**.

L'article s'appelle alors *contracté.*

Mais on dira : il a écrit **à l'homme,** — *il est sorti* **de l'hôpital,** — *il s'est mis* **à l'ouvrage,** etc.

Au pluriel, on dit toujours **aux** pour **à les** et **des** pour *de les.* Ex. :

·Il a écrit *aux rois,* il a écrit *aux hommes,* il a écrit *aux femmes,* ils sont sortis *des chambres,* ils sont sortis *des magasins.*

Lorsqu'un nom au singulier est *indéterminé*, il est précédé de **un** ou de **une**. Ex. : *J'ai acheté* **un** *cheval et* **une** *jument.*

Lorsqu'un nom au pluriel est *indéterminé*, il est précédé de **des**. Ex. : *J'ai acheté* **des** *chevaux et* **des** *juments.*

Quelquefois *du*, *de la* et *des*, indiquent une *certaine quantité de*..... Ex. : *J'ai acheté* **du** *beurre*, **de la** *viande et* **des** *légumes*, c'est-à-dire **une certaine quantité** *de beurre, de viande et de légumes.*

CONJUGAISON

PRÉSENT	**FUTUR**

PRÉSENT	FUTUR
J'envoie	J'enverrai
Tu envoies	Tu enverras
Il ou elle envoie	Il enverra
Nous envoyons	Nous enverrons
Vous envoyez	Vous enverrez
Ils ou elles envoient	Ils enverront

IMPARFAIT	IMPÉRATIF
J'envoyais	
Tu envoyais	Envoie
Il envoyait	
Nous envoyions	Envoyons
Vous envoyiez	Envoyez
Ils envoyaient	

PASSÉ INDÉFINI : J'ai envoyé, tu as envoyé, etc.

Exercice.

1° Formez vingt phrases renfermant chacune une personne du verbe précédent et un ou plusieurs noms avec l'article.

2° Complétez les phrases suivantes en remplaçant les points par un article ou par un substantif :

Nous avons déjeuné hier chez ... et nous avons mangé ... soupe, ... rôti, ... salade, ... fromage, des... Nous avons bu chez lui ... vin, ... eau, et ... café, après ... dessert. Ensuite nous sommes allés nous promener ... campagne. Nous avons vu dans ... prairies ... bœufs et ... vaches qui paissaient. Nous avons rencontré aussi ... femme qui conduisait ... chèvres

et ... moutons. Nous avons demandé à ... moissonneurs qui travaillaient dans ... champs si ... récolte
était bonne ; ... moissonneurs nous ont répondu que ...
grains de blé étaient petits mais abondants.

EXERCICE DE LECTURE

Les aliments et les boissons (FIN).

L'homme aime les *douceurs;* il prend dans la *ruche*
de l'*abeille* le *miel* qu'il retire des *rayons*. Il prépare
toutes sortes de *gâteaux* et de *bonbons* avec de la pâte,
du beurre, quelquefois même de l'huile, du sucre et
des fruits. Celui qui fait les gâteaux s'appelle un
pâtissier.

L'*eau* est la principale boisson de l'homme. C'est le
liquide le plus utile et le plus précieux. Il est indispensable à l'homme, aux animaux et aux plantes.
L'eau sort des sources, forme des ruisseaux, des
rivières et des fleuves. Cette eau est amenée aux *fon-
taines* qui se trouvent dans les villes ou les villages
par des conduits et des aqueducs.

Lorsque l'eau des sources manque dans un pays,
l'homme construit des *citernes* pour conserver l'eau
de pluie, ou creuse des *puits* qui sont quelquefois très
profonds.

C'est avec l'eau que l'homme prépare ses aliments
et ses autres *boissons*, telles que le *café*, le *thé* et les
tisanes.

L'homme boit encore du *lait*, du *vin*, du *cidre*, de
la *bière*.

Le lait est fourni par la vache, la chèvre, la brebis
et la chamelle.

Le vin s'obtient en écrasant les *raisins* et en laissant fermenter le *jus*. On dit que le vin est une

boisson fortifiante, mais il ne faut pas en abuser, car il produit l'*ivresse*. Un individu qui boit du vin avec excès est un *ivrogne*.

Le cidre se fait avec des pommes qu'on écrase.

La bière se fait avec de l'orge germée et bouillie à laquelle on mêle du houblon.

L'homme doit prendre avec modération les aliments et les boissons pour pouvoir les *digérer* facilement.

Lorsqu'il en abuse, il a des *indigestions* qui peuvent quelquefois occasionner sa mort.

24ᵉ LEÇON

TEXTE

La marmite.

Un certain touriste avait l'habitude de raconter des choses merveilleuses qu'il prétendait avoir vues ou rencontrées dans ses voyages. Les histoires qu'il racontait étaient toutes, bien entendu, inventées par lui. En un mot, cet homme était un hâbleur et un farceur.

Un jour, il raconta qu'il avait vu un chou de la grosseur d'une maison.

« Moi, dit l'un des assistants, j'ai vu une marmite aussi grande qu'une mosquée.

— Et que voulait-on faire de cette marmite ? demanda le hâbleur.

— Sans doute, répondit son interlocuteur, elle était destinée à faire cuire votre chou. »

Cette réponse confondit notre farceur, qui ne

raconta plus, à partir de ce jour, d'histoires invraisemblables.

PROVERBE. — **Trop parler nuit.**

EXPRESSIONS. — **Il avait l'habitude de raconter des choses merveilleuses.** *Mon père a l'habitude de raconter des choses merveilleuses. Mon père a l'habitude de se lever de bonne heure. Nous avons l'habitude d'aller nous promener chaque soir. Vous avez la mauvaise habitude de vous moquer de tout le monde. Cet élève a pris l'habitude de faire ses devoirs le soir.* — **Bien entendu.** *Venez me voir demain matin : bien entendu, vous déjeunerez avec moi. J'accepte volontiers, mais il est bien entendu que vous ne ferez aucune dépense extraordinaire, aucun extra.* — **Un hâbleur** *est un individu qui parle avec vanterie et qui dit des choses exagérées; un* **conteur** *ou un* **narrateur** *est un individu qui raconte quelque chose. Un homme qui parle beaucoup est un* **parleur.** *L'interlocuteur est la personne avec laquelle on cause. Au féminin ces mots font :* **hâbleuse, conteuse, narratrice, interlocutrice.**

QUESTIONNAIRE. — *Qu'avait l'habitude de faire un certain touriste? — Comment étaient ces récits? — Ses récits étaient-ils véridiques? — Ce touriste avait-il raison de faire le hâbleur? — Doit-on raconter exactement ce qu'on a vu ou entendu? — Est-il honnête d'abuser de la bonne foi de ses interlocuteurs? — Que raconta notre touriste un certain jour? — Est-il possible qu'un chou atteigne la grosseur d'une maison, même petite? — Le touriste voulait donc se moquer des assistants en leur disant un pareil mensonge? — Que dit l'une des personnes présentes? — Pourquoi lui fit-elle cette réponse? — Que demanda alors le hâbleur? — Quelle fut la réponse de l'interlocuteur? — Quelle est la morale à tirer de cette petite histoire?*

GRAMMAIRE

INFINITIF

Cet homme a demandé **à** *vous* **voir.**
Cet homme est venu **pour** *vous* **voir.**
Cet homme est parti **sans** *vous* **voir.**
Cet homme était désireux **de** *vous* **voir.**
Cet homme finira bien **par** *vous* **voir.**
Après les mots **à, pour, sans, de, par,** *le verbe se met à l'***infinitif.**

L'infinitif change de terminaison suivant la *catégorie* ou *conjugaison* à laquelle appartient le verbe.

Il y a en français quatre *conjugaisons* qu'on reconnaît à *l'infinitif* :

*La première conjugaison se termine à l'***infinitif** *par* **er.**

*La deuxième conjugaison se termine à l'***infinitif** *par* **ir.**

*La troisième conjugaison se termine à l'***infinitif** *par* **oir.**

*La quatrième conjugaison se termine à l'***infinitif** *par* **re.**

Ainsi les verbes :

*Por***ter,** *deman***der,** *frap***per,** *sont de la* **première conjugaison;**

*Fi***nir,** *rem***plir,** *te***nir,** *sont de la* **deuxième conjugaison;**

*Rece***voir,** *aperce***voir,** **voir,** *sont de la* **troisième conjugaison;**

*Appren***dre,** *rom***pre,** *crain***dre,** *sont de la* **quatrième conjugaison.**

Il faut **aimer** *son prochain.*

Je pourrai **sortir** *demain.*

Lorsque deux verbes **se suivent,** *le second se met à l'***infinitif.**

Retenez bien la phrase suivante qui renferme les différents emplois de l'*infinitif*, ainsi que des verbes des quatre conjugaisons à l'*infinitif* :

*Je dois vous avert**ir** que, **pour** pouv**oir** arriv**er à** parl**er** notre langue **sans** vous tromp**er**, il vous faut commenc**er par** apprend**re** beaucoup de mots, et ne pas craind**re de** caus**er** avec des Français.*

Exercices.

1° Dire à quelles conjugaisons appartiennent les verbes suivants :

demander	conduire	crier	apercevoir
parler	pouvoir	corrompre	plaindre
courir	descendre	croire	couper
rire	monter	finir	battre
voir	vouloir	remplir	aller
lire	venir	plaire	tenir
sortir	faire	ordonner	mettre
entrer	devoir	avertir	servir

2° Copier les phrases suivantes en complétant les verbes ou en remplaçant les points par un verbe dont le sens conviendra à la phrase :

Tu ne pourras pas deven... riche sans travaill... Il faut obé... à ses supérieurs. Tu iras te couch... sans éveill... ton frère. Tu entreras dans la chambre sans ... de bruit. Nous nous lèverons de bon matin pour ... nous promen... Pour ... savant, il faut beaucoup étudi... Irez-vous lui ... une visite demain? Tu ne pourras pas fin... de lire ce livre aujourd'hui. Je crois ... du bruit dans la rue. Nous devons tous ... les vieillards. Il faut secour... les orphelins. Mon père m'a défendu de sort... de cette chambre. Je te défends de jou... avec ce polisson. Les couteaux servent à ... et les rasoirs à ... Je te ferai préven ... lorsque ton père sera prêt à part... Notre professeur nous a promis de nous ... à la promenade si nous savons bien récit... ce morceau. Je suis venu pour vous avert... que le gouverneur a défendu de tu..., de vend..., ou d'achet... du gibier.

CONJUGAISON DU VERBE *TENIR*

PRÉSENT	IMPARFAIT	FUTUR
Je tiens	Je tenais	Je tiendrai
Tu tiens	Tu tenais	Tu tiendras
Il tient	Il tenait	Il tiendra
Nous tenons	Nous tenions	Nous tiendrons
Vous tenez	Vous teniez	Vous tiendrez
Ils tiennent	Ils tenaient	Ils tiendront

PASSÉ INDÉFINI	IMPÉRATIF
J'ai tenu	Tiens
Tu as tenu	Tenons
Il a tenu	Tenez
Nous avons tenu	
Vous avez tenu	INFINITIF
Ils ont tenu	Tenir

Conjuguez de même le verbe *venir*. Au passé indéfini on dira : *je suis venu, tu es venu*, etc.

CONJUGAISON DU VERBE *DORMIR*

Présent : Je dors, tu dors, il dort, nous dormons, vous dormez, ils dorment.

Imparfait : Je dormais, tu dormais, etc.

Futur : Je dormirai, tu dormiras, etc.

Passé indéfini : J'ai dormi, tu as dormi, etc.

Impératif : Dors, dormons, dormez.

Dictée d'imitation.

Tu as l'habitude de raconter des histoires merveilleuses. Tu inventes, bien entendu, toutes ces histoires, car tu n'es jamais sorti de ton pays. Tu n'es qu'un hâbleur et un farceur. Écoutez, chers élèves, ce que je vais vous apprendre. Le mot *chou* doit s'écrire au pluriel avec un x : des choux. Il en est de même des mots que renferment les phrases suivantes : J'ai acheté hier des bijoux. Que veux-tu faire de ces cailloux? J'ai mal aux deux genoux. J'ai entendu crier des hiboux. Qu'avez-vous fait de vos joujoux? Les enfants qui ne se peignent pas bien ont quelquefois des poux.

EXERCICES DE LECTURE

L'union fait la force.

Un riche paysan, déjà âgé, avait constaté avec chagrin que ses quatre fils n'étaient pas toujours

Le vieillard et ses quatre fils.

d'accord et qu'il leur arrivait souvent de se quereller. Un jour, il les appela dans sa chambre et leur dit :

« Mes chers enfants, j'ai là sur ma table une bourse renfermant mille francs. Je la donnerai volontiers à celui d'entre vous qui pourra rompre ces quatre bâtons liés ensemble. » Les quatre fils essayèrent à tour de rôle, mais aucun d'eux ne put rompre le faisceau. « Rien n'est pourtant plus facile, dit le brave paysan : voyez plutôt. » En disant ces mots, le vieillard délia le faisceau, prit chaque bâton l'un après l'autre et le cassa sans peine. « De cette manière, dirent les enfants, ce n'était pas, en effet, difficile. » — « Mes enfants chéris, leur dit-il alors, j'ai voulu vous prouver que l'union fait la force. Aimez-vous bien ; restez unis, car si vous vous sépariez, si vous deveniez ennemis, vous ne tarderiez pas, après ma mort, à dissiper la fortune que je vous laisserai et à tomber dans la misère. N'oubliez pas que des frères doivent être unis pour ne pas devenir la proie d'étrangers jaloux et cupides. »

Le menteur.

Un jeune garçon gardait un troupeau de moutons près d'une forêt. Il voulut un jour se moquer des habitants d'un village voisin et se mit à crier : « Au loup ! au loup ! »

Les habitants du village arrivèrent en courant, cherchèrent dans toute la forêt, mais ne trouvèrent pas de loup. Le berger riait en lui-même du tour qu'il avait joué à ces bons villageois. Le lendemain, il recommença cette mauvaise plaisanterie. Quelques villageois arrivèrent comme la veille, mais ne trouvant pas de loup, ils comprirent que le berger s'était moqué d'eux.

Quelques jours après, un loup sortit réellement de la forêt et courut vers le troupeau. Le berger cria de toutes ses forces : « Au loup! au loup! » Mais les habitants du village, entendant les cris du berger, dirent : « C'est encore ce petit menteur qui veut nous faire courir pour rien. » Et ils ne bougèrent pas. Le loup emporta un mouton du troupeau.

Quand le berger ramena les autres moutons, il dit à son maître que le loup lui en avait emporté un. Son maître lui dit :

« Si tu n'avais pas crié d'autres fois « au loup! », sans motif, on serait venu aujourd'hui à ton secours. Tes mensonges me coûtent un mouton. Je ne veux pas de menteur chez moi. »

Et le maître chassa le berger menteur.

———

25e LEÇON

TEXTE

La géographie. — Son utilité.

DIALOGUE[1]

(Le maître conduira ses élèves à la promenade et les fera arrêter à un endroit dominant autant que possible la localité où se trouve l'école[2]).

« Mes enfants, nous allons nous arrêter un instant ici pour nous reposer.

— Monsieur, nous pouvons nous asseoir?

— Oui, asseyez-vous; seulement ne vous écartez pas trop. Mettez-vous autour de moi, car je tiens à causer un peu avec vous.

— Oh! quel bonheur! Allez-vous nous raconter quelque histoire?

1. Faire relire aux élèves le n° 8 des textes de lecture courante du 2e livret, les quatre points cardinaux.
2. Cette leçon renferme quelques détails qui ne pourront

— Non, mais je veux vous parler d'une chose tout aussi amusante qu'une histoire.... Regardons tous du côté de la ville.... A quelle distance est-elle de l'endroit où nous sommes ?

— A peu près à deux heures de marche.

— Pas tout à fait, mais peu importe.... Maintenant, orientons-nous.

— Monsieur, le *nord* est devant nous.

— C'est exact.... nous sommes donc au sud de la ville.... Où est l'est ?

— L'est est à notre droite.

— Bien.... et l'ouest ?

— L'ouest est à notre gauche.

— C'est cela. Nous voilà donc orientés, ce qui veut dire que nous savons maintenant dans quelle direction se trouvent les quatre points cardinaux.... Dites-moi, Félix, vous rappelez-vous comment s'appelle le petit instrument dont l'aiguille se dirige toujours vers le nord ?

Une boussole.

— Oui monsieur, c'est la *boussole*.

— Cet instrument s'appelle en effet une boussole... Comment peut-on trouver les quatre points cardinaux sans boussole ?

— En observant de quel côté *se lève* ou bien *se couche* le soleil ; il se lève du côté de *l'orient* ou *levant* et se couche du côté de *l'occident* ou *couchant*.

— C'est cela : je vois que vous avez bien

naturellement pas s'appliquer à toutes les localités. Il appartient au maître de compléter ou d'éclaircir par des explications personnelles certains passages.

retenu les leçons que vous avez apprises dans le deuxième livret.

— Monsieur, je crois que mon camarade se trompe, car il y a ceci dans le deuxième livret :

Enfant s'orientant.

« L'est est le côté où le soleil paraît, le matin, où *il semble* se lever. » On n'a pas mis « où il se lève », mais « *où il semble se lever* ». Pourquoi cela, monsieur ?

— Vous avez raison, mon ami. Votre mémoire est fidèle. Le soleil, en effet, ne se *lève pas* et ne *se couche pas*. C'est la terre qui tourne sur elle-même de l'ouest à l'est, en vingt-quatre heures, ce qui produit le jour et la nuit. Le terre tourne aussi autour du soleil en trois cent soixante-cinq jours, c'est-à-dire en une année…. Voyons, mes enfants, qu'apercevez-vous au nord de la ville ?

— Monsieur, nous apercevons la mer dans le lointain.

— Oui, mais avant d'arriver à la mer, n'y a-t-il pas autre chose ?

— Si, monsieur, il y a plusieurs villages, des champs et des jardins bien cultivés.

— C'est cela. A l'est de la ville, qu'y a-t-il ?

— Il y a de hautes montagnes.

— Derrière nous, c'est-à-dire au sud, que voyez-vous ?

Ville dans le lointain.

— Nous voyons une grande plaine au milieu de laquelle coule un fleuve. Cette plaine est traversée par un chemin de fer qui conduit à la ville voisine.

— Oui, et enfin à l'ouest, qu'y a-t-il ?

— Il y a encore des montagnes couvertes de forêts.

— Croyez-vous, mes enfants, qu'il soit intéressant et utile de connaître le nom de cette mer que vous voyez dans le lointain, de ces villages, de ces montagnes, de ces plaines, des villes où conduit ce chemin de fer ? N'est-il pas utile également de savoir, par exemple, où vont les produits qu'on récolte dans ces champs, les objets qu'on fabrique dans notre ville et les arbres qu'on abat dans ces forêts ?

— Si, monsieur, cela nous semble très utile et très intéressant.

— De savoir aussi d'où viennent les marchandises qu'on vend chez nous et que les habitants ne savent pas ou ne peuvent pas fabriquer; d'où viennent les différents étrangers qu'on rencontre dans nos rues?... Eh bien, mes enfants, la science qui nous enseigne tout cela, c'est la *géographie*... *La géographie est donc la science qui s'occupe de la description de tout ce qu'il y a à la surface de la terre...*

« Maintenant que vous commencez à bien parler le français, nous pourrons étudier chaque jour un peu de *géographie*... Comme il se fait tard, reprenons le chemin de la ville. »

GRAMMAIRE

Quand nous disons : **l'homme**, **l'enfant**, **son voisin**, **un bâton**, *nous prononçons des* **noms**. *Quand nous disons* **frappera**, *nous prononçons un mot qui exprime une* **action**, *c'est-à-dire* **un verbe**.

Ces mots isolés ne forment pas un sens.

Si nous disons au contraire **l'homme frappera**, *ces trois mots réunis (l'article, le nom et le verbe) donnent un sens. Nous savons que c'est* **l'homme** *qui fera l'action marquée par le verbe* **frappera**.

Le mot qui indique **quelle est la personne ou quelle est la chose** *qui* **fait l'action** *marquée par le verbe, est le* **sujet**.

Pour trouver le **sujet**, *on prend le verbe de la phrase* et l'on fait avec ce verbe la question **qui est-ce qui...?** ou **qu'est-ce qui...?** *Ex. :*

L'enfant pleure. *Qui est-ce qui pleure? Réponse :* l'enfant. Le mot **enfant** est le **sujet** du verbe **pleure.**

Le vent souffle. *Qu'est-ce qui souffle? Réponse :* Le vent. Le mot **vent** est le **sujet** du verbe **souffle.**

Quand nous disons : **l'homme frappera,** *nous avons bien une phrase qui nous donne un sens, mais ce sens n'est pas* **complet.** *Il faut que d'autres mots viennent* **compléter** *le sens de la phrase.*

Tout mot qui **complète** *le sens d'un verbe, d'un adjectif ou d'un nom, s'appelle* **complément.**

Dans cette phrase :

L'homme frappera l'enfant de son voisin avec un bâton.

Le mot enfant complète *le sens du verbe* **frappera;** *le mot* **voisin complète** *le sens du mot* **enfant;** *le mot* **bâton complète** *encore le sens de* **frappera.**

Le mot qui **complète** *le sens du verbe* **directement,** *c'est-à dire sans être accompagné par exemple d'un autre mot comme* **à, pour, sur, avec,** *etc., s'appelle* **le complément direct.** *S'il y a au contraire un des mots* **à, pour, sur, avec,** *le complément du verbe s'appelle* **complément indirect.**

Pour trouver le **complément direct,** *on prend le verbe avec son* **sujet** *et l'on place après lui le mot* **qui...?** *lorsqu'il s'agit de personnes et le mot* **quoi...?** *lorsqu'il s'agit de choses. Le mot qui sert de réponse est le* **complément direct.** *Ex. :*

L'homme frappera l'enfant; *l'homme frappera* **qui...?** *Réponse :* **l'enfant.** *Le mot* **enfant** *est le* **complément direct** *de* **frappera.**

L'enfant étudie sa leçon; *l'enfant étudie* **quoi...?** *Réponse :* **sa leçon.** *Le mot* **leçon** *est le* **complément direct** *de* **étudie.**

Exercices.

1° Copier les phrases suivantes en indiquant entre parenthèses si le mot est *sujet* ou *complément direct*. Ex : Le roi (sujet) a récompensé le général (comp. direct).

Le roi a récompensé le général. Le général a gagné la bataille. L'élève a récité sa leçon. Le hâbleur a raconté une histoire merveilleuse. La femme a lavé ses habits. Le boucher a vendu sa viande. Le paysan a dormi dans la cour. Le voleur est entré dans la boutique de l'épicier. Mon frère a écrit une lettre à son ami. Les soldats ont traversé le village. Le professeur a conduit les élèves à la promenade. L'ouvrier a fini son travail. La jeune fille a cousu sa robe. Le cheval a traîné la voiture. Le bœuf mange le foin. Le mouton broutera l'herbe. Le chameau porte des fardeaux pesants. Cette femme a pleuré devant nous.

2° L'élève complétera les phrases suivantes, en remplaçant les points par un mot qui sera *sujet* ou *complément direct* : ... invente des histoires merveilleuses. — ..... a appelé ses fils devant lui. — Le professeur donnera une ... à l'élève studieux et une ... à l'élève paresseux. — Le ... a cassé la ... en allant chercher ... à la fontaine. — Mon enfant, aime bien ..., respecte ... et sois toujours honnête. — Mes amis ont dissipé ... que leur ont laissée leurs ... — Le ... garde le troupeau. — J'ai cherché dans le tiroir de votre bureau ... pour écrire, mais je n'en ai pas trouvé.

3° L'élève formera, avec chacun des verbes suivants, une phrase renfermant un *sujet* et un *complément direct*.

Boire — montrer — déchirer — donner — envoyer — tenir — salir — laver — cacher — tuer — appeler — insulter — couper — finir — chasser.

EXERCICE DE LECTURE

La mer.

Les trois quarts de la surface du globe terrestre sont recouverts par la *mer*.

L'eau de la mer est *salée*.

Dans la mer vivent de nombreux animaux, dont plusieurs espèces sont énormes, la baleine, par exemple, qui est plus grosse qu'un éléphant.

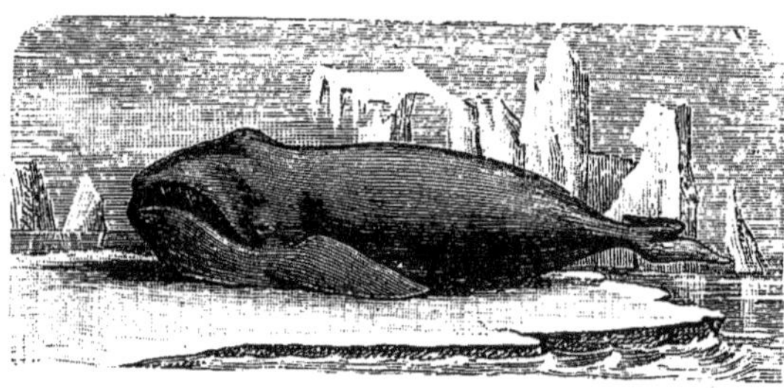

Une baleine.

Le fond de la mer n'est pas plat; il est inégal comme la surface de la terre.

Dans la mer, il y a de grandes plaines, des vallées, de hautes montagnes. Quelques-unes de ces montagnes dépassent la surface de l'eau et leurs sommets forment des îles.

Une île est donc le sommet d'une montagne ou d'une colline située dans la mer.

Lorsque l'eau de la mer ne remue pas à la surface, on dit que la mer est *calme*. Si, au contraire, l'eau remue, la mer est *agitée*.

Lorsque le vent souffle avec force, il occasionne une *tempête*. L'eau de la mer forme alors des *vagues* énormes qui courent à sa surface, et qui sont couronnées d'*écume*. Les vagues sont quelquefois tellement grosses qu'elles peuvent faire chavirer les navires.

26ᵉ LEÇON

TEXTE

Le morceau de fer à cheval.

Un jour d'été, un fermier se rendait à la ville voisine pour acheter des provisions. Il était accompagné de l'un de ses fils, enfant d'une dizaine d'années environ. En route, ils trouvèrent un morceau de fer à cheval. « Ramasse ce morceau de fer, dit le père à son enfant. — Mais, père, répondit le jeune étourdi, ce morceau de fer ne vaut pas la peine qu'on se baisse. » Le père, sans rien dire, ramassa le fer, le mit dans sa poche et continua son chemin. Arrivé à la ville, il vendit ce fer à un forgeron pour un sou et il acheta des cerises avec ce sou.

Quand le fermier eut terminé ses achats, il reprit le chemin de son village, toujours accompagné de son fils.

(A suivre.)

EXPRESSIONS. — **Un enfant d'une dizaine d'années environ.** *Un homme d'une cinquantaine d'années environ. Je resterai absent une quinzaine de jours environ.* — **Ce morceau de fer ne vaut pas la peine qu'on se baisse.** *Cet homme ne vaut pas la peine qu'on s'occupe de lui. Cela ne vaut pas la peine qu'on en parle.* — **Une ville** *est la réunion d'un grand nombre de maisons disposées par rues.* **Un bourg** *est une petite ville.* **Un village** *est la réunion d'un certain nombre de maisons habitées principalement par des villageois ou paysans.* **Un hameau** *est la réunion de quelques habitations de paysans.*

GRAMMAIRE

1°   *Un garçon craintif,*   *un homme veuf,*
     Une fille craintive,   *une femme veuve.*

Les adjectifs terminés au masculin par **f**, *forment leur féminin en changeant* **f** *en* **ve**.

2°   *Un cheval peureux,*
       Une jument peureuse.

Le féminin des adjectifs terminés au masculin par **x** *se forme en changeant* **x** *en* **se**.

3°   *Un garçon trompeur,*
       Une fille trompeuse.

En général, les adjectifs et les noms terminés au masculin par **eur**, *forment leur féminin en changeant* **eur** *en* **euse**.

4°   *Un instituteur,* fém. *une institutrice.*

Les adjectifs et les noms terminés au masculin par **teur**, *forment habituellement leur féminin en changeant* **teur** *en* **trice**.

5°   *Un vent continuel,*   *une pluie continuelle;*
     Un frère cadet,   *une sœur cadette;*
     Un visage mignon,   *une figure mignonne;*
     Un livre ancien,   *une statue ancienne;*
     Un pareil fils,   *une pareille fille.*

Les adjectifs terminés au masculin par **el**, **et**, **on**, **en**, **eil**, *doublent au féminin la lettre finale avant l'***e** *muet.*

6° *Les adjectifs suivants* **doublent** *aussi au féminin leur dernière lettre avant l'***e** *muet : bas, épais, nul, gras, las, sot, gros, gentil, paysan.*

Féminin : *basse, grasse, grosse, épaisse, lasse, gentille, nulle, sotte, paysanne.*

7° *On dit :*

Un fruit **doux**,	*une orange* **douce ;**
Un billet **faux**,	*une lettre* **fausse ;**
Un cheveu **roux**,	*une chevelure* **rousse.**

8° *On dit encore :*

Un **beau** *cheval*,	*une* **belle** *jument ;*
Un récit **nouveau**,	*une histoire* **nouvelle ;**
Un homme **vieux**,	*une femme* **vieille ;**
Un garçon **mou**,	*une fille* **molle ;**
Cet homme est **fou**,	*cette femme est* **folle.**

On dit aussi devant les noms masculins commençant par une voyelle ou un **h** *muet,* **bel, nouvel, vieil, mol, fol,** *sans* **doubler** *la lettre finale et sans* **e** *muet.* Ex. : *J'ai acheté hier un* **bel** *ouvrage, écrit par un* **nouvel** *auteur et publié chez un* **vieil** *éditeur.*

9° Autres exemples d'adjectifs dont le féminin présente quelque particularité :

MASCULIN

Un pantalon **blanc**,
Un garçon **franc**,
Le linge est **sec**,
Il a mangé du pain **frais**,
Ce garçon est **malin**.

FÉMININ

Une chemise **blanche**,
Une fille **franche**,

*Votre robe est **sèche**,*
*Il a mangé de la viande **fraîche**,*
*Cette fille est **maligne**.*

Le père indulgent,
La mère indulgente,
La mère et la tante indulgentes,
Le père et l'oncle indulgents,
Le père et la mère indulgents.

L'adjectif doit se mettre :

Au masculin singulier, si le nom auquel il se rapporte est du **masculin singulier** ;

Au féminin singulier, si le nom auquel il se rapporte est du **féminin singulier** ;

Au féminin pluriel, si les noms auxquels il se rapporte sont du **féminin** ;

Au masculin pluriel, si l'un des noms auxquels il se rapporte est du **masculin**.

Exercices.

1° Copier les phrases suivantes en complétant l'orthographe des adjectifs lorsqu'il y aura lieu de le faire :

Nous avons acheté au marché un bœuf gras. Ce pauvre paysan a beaucoup marché aujourd'hui ; il est las. Votre cuisinier a fait un potage épais. Nous avons mangé un poulet qui était très gras. Il faut attacher votre chien qui est dangereux. Vous avez un serviteur doux, mais paresseux. Votre voisin est roux. Le roi a récompensé cet instituteur qui est laborieux, doux avec les enfants et courageux au travail. Le lion et le tigre sont cruel... Ce pauvre homme, qui a perdu son fils, verse des pleurs continuel... Pourquoi aimez-vous bien votre fils aîné et détestez-vous votre fils cadet ? J'aime ce petit garçon, car il est bien gentil, bien doux et bien poli, tandis que son frère n'est qu'un mol enfant et un sot.

2° Recopier les phrases précédentes, en mettant les adjectifs au féminin et en remplaçant les noms masculins par des noms féminins convenant au sens.

Dictée d'imitation.

Une fermière se rendait avec sa fille à un village voisin. Cette femme était accompagnée de l'une de ses domestiques. En route elles rencontrèrent une belle paysanne montée dans une voiture basse, traînée par une jument rousse. « Gentille fermière, dit la douce paysanne, si votre fille, votre domestique et vous-même êtes lasses, montez avec moi dans ma voiture. Il y a de la place. Ma jument est vieille, il est vrai, mais elle est encore forte et courageuse, et elle nous conduira facilement au village voisin. Seulement, je veux être franche avec vous et je dois vous dire que ma bête est un peu rétive et peureuse. Mais ne craignez rien : je suis plus maligne qu'elle et je saurai bien la faire obéir. » La fermière, qui n'était ni sotte ni craintive, monta dans la voiture avec sa fille et sa domestique et arriva de bonne heure au village où elle quitta la gentille paysanne après l'avoir remerciée.

EXERCICE DE LECTURE

Vengeance d'un villageois.

Un villageois portait à la ville plusieurs pots de miel pour les vendre. Lorsqu'il fut arrivé à la porte de la ville, un employé de l'octroi découvrit les pots pour voir ce qu'ils renfermaient et fit exprès de les laisser longtemps ouverts. Le miel attira une nuée de mouches qui le souillèrent tellement qu'il fut impossible au villageois de trouver des acquéreurs.

Il alla se plaindre au juge, et demanda qu'on lui restituât au moins la somme qu'il avait versée pour le droit d'entrée.

Le juge, après avoir examiné l'affaire, déclara que l'employé ne méritait pas de reproches ; les mouches étaient seules coupables et il permettait au paysan de les tuer sans pitié partout où il les trouverait.

Le rusé villageois pria alors le juge de lui donner sa sentence par écrit. Dès qu'il eut le jugement écrit entre ses mains, le paysan, voyant une mouche posée sur la joue du juge, s'approcha de lui, lui allongea un formidable soufflet et écrasa la mouche.

Le juge furieux voulut faire arrêter le paysan ; mais celui-ci lui montra le papier qu'il venait de signer et sortit tranquillement.

27ᵉ LEÇON

TEXTE

Le morceau de fer à cheval (FIN).

Il était alors plus de midi et la chaleur était accablante. Le pauvre enfant suivait son père avec peine : il était fatigué et mourait de soif. Il aurait été bien aise d'avoir quelque chose pour se rafraîchir la bouche. Le père prit une cerise et la laissa tomber à terre. L'enfant s'empressa de la ramasser et de la manger. Un instant après, le fermier laissa tomber une autre cerise que l'enfant ramassa avec le même empressement que la première. Le père continua le même manège jusqu'à ce qu'il eût épuisé les cerises. Alors il se tourna vers son fils et lui dit : « Mon cher enfant, si tu t'étais donné la peine de te baisser une seule fois pour ramasser le fer à cheval quand je te l'ai dit, tu n'aurais pas été obligé de te baisser une cinquantaine de fois pour ramasser les cerises. »

Soyons dociles et écoutons toujours les conseils de nos parents.

Proverbe. — **Qui aime bien, châtie bien.**

EXPRESSIONS. — **L'enfant suivait son père avec peine** [1]. *Ma main n'est pas encore guérie et j'écris avec peine. Je vois avec peine que vous n'avez pas écouté mes conseils; aussi je vous avertis que vous aurez de la peine à réussir. Mes enfants, je vous défends de jeter des pierres sous peine de punition. L'assassin a été condamné à la peine de mort. Cette nouvelle m'a causé une peine cruelle. Vous m'avez fait de la peine en refusant de m'aider; vous auriez pu m'épargner une grande peine. Ce n'est pas sans peine que j'ai pu terminer mon travail. Je me suis donné beaucoup de peine. A peine avais-je terminé ce travail que je fus obligé d'en commencer un autre. J'en ai à peine une cinquantaine. C'est à grand'peine que j'ai pu l'amener.* — **Il aurait été bien aise de se rafraîchir.** *J'aurais été bien aise de le voir. Je suis à l'aise dans ce vêtement. Mettez-vous à votre aise : ne vous gênez pas. Je suis assis à l'aise. Cet homme a toutes ses aises. Ce fermier est à son aise; il possède quelque argent.*

---

1. A partir de cette leçon, les expressions que nous donnerons à la suite de chaque texte constitueront un grand nombre d'idiotismes et de gallicismes avec lesquels le professeur devra faire faire à ses élèves, de vive voix et par écrit, des exercices variés.

GRAMMAIRE

CONJUGAISON

PASSÉ DÉFINI

Première conjugaison.

Je portai . . .	*ai*
Tu portas. . .	*as*
Il porta. . . .	*a*
Nous portâmes	*âmes*
Vous portâtes.	*âtes*
Ils portèrent .	*èrent*

Deuxième conjugaison.

Je finis	*is*
Tu finis. . . .	*is*
Il finit	*it*
Nous finîmes .	*îmes*
Vous finîtes . .	*îtes*
Ils finirent. . .	*irent*

Troisième conjugaison.

Je reçus. . . .	*us*
Tu reçus . . .	*us*
Il reçut. . . .	*ut*
Nous reçûmes.	*ûmes*
Vous reçûtes .	*ûtes*
Ils reçurent. .	*urent*

Quatrième conjugaison.

Je rompis. . .	*is*
Tu rompis. . .	*is*
Il rompit . . .	*it*
Nous rompîmes	*îmes*
Vous rompîtes.	*îtes*
Ils rompirent .	*irent*

Remarquez l'**accent circonflexe** qui se trouve au pluriel (âmes, âtes, — îmes, îtes, — ûmes, ûtes).

CONDITIONNEL

Je porterais.	*rais*
Tu porterais.	*rais*
Il porterait	*rait*
Nous porterions.	*rions*
Vous porteriez.	*riez*
Ils porteraient.	*raient*

Les verbes des quatre conjugaisons prennent ces terminaisons au conditionnel. **Ex. :** *Je finirais, je recevrais, je romprais.*

Le conditionnel est accompagné habituellement du mot **si.** *Ex. :*

Si *Joseph n'était pas méchant, je* **jouerais** *avec lui.*
Si *tu travaillais bien, je te récompense***rais.**

Je finirais mon travail ce soir, **si** je n'étais pas fatigué.

Verbe **courir** (deuxième conjugaison). *Présent :* Je cours, tu cours, il court, nous courons, vous courez, ils courent. — *Imparfait :* Je courais, etc. — *Passé défini :* Je courus, tu courus, etc. — *Passé indéfini :* J'ai couru, etc. — *Futur :* Je courrai, etc. — *Impératif :* Cours, courons, courez.

Verbe **mourir**. *Présent :* Je meurs, tu meurs, il meurt, nous mourons, vous mourez, ils meurent. — *Imparfait :* Je mourais, tu mourais, etc. — *Passé défini :* Je mourus, tu mourus, etc. — *Passé indéfini :* Je suis mort, etc. — *Futur :* Je mourrai, etc. — *Impératif :* Meurs, mourons, mourez.

Verbe **mentir**. *Présent :* Je mens, tu mens, il ment, nous mentons, vous mentez, ils mentent. — *Imparfait :* Je mentais, etc. — *Passé défini :* Je mentis, tu mentis, etc. — *Passé indéfini :* J'ai menti, etc. — *Futur :* Je mentirai, etc. — *Impératif :* Mens, mentons, mentez.

Conjuguer de même le verbe *sentir*.

Exercice.

Conjuguer au *passé défini* et au conditionnel cinq verbes de chaque conjugaison.

Dictée d'imitation.

Un fermier se rendit le mois passé à la ville. Il trouva sur le chemin un fer à cheval. Il se baissa, ramassa ce fer et le cacha dans son sac. Il continua ensuite son voyage. Il arriva à la ville de bonne heure. Il fit ses commissions, acheta ses provisions et se reposa. A midi il déjeuna dans un restaurant;

il prit ensuite un café et se disposa à partir. Avant de
sortir de la ville, il vendit à un forgeron le fer qu'il
avait trouvé le matin et acheta, avec les deux sous
qu'on lui donna, une livre de cerises. Pour revenir à
sa ferme, il suivit le même chemin que le matin.
Comme il faisait chaud, il transpira et se fatigua vite.
Il s'arrêta sous un arbre pour se délasser, et il mangea
les cerises pour se désaltérer. Il continua ensuite son
chemin et rentra chez lui satisfait de son voyage.

Exercice oral et écrit.

Faire relire, puis recopier cette dictée en mettant
les verbes à la 1re personne du pluriel du *passé défini*,
de cette manière : *Nous nous rendîmes le mois passé à
la ville. Nous trouvâmes*, etc.

Géographie [1].

Nous savons que la terre est semblable à une
immense *boule* ou *globe* qui roule dans l'espace.

A la surface de ce globe il y a de l'eau et de la
terre.

L'eau recouvre les trois quarts du globe.

On appelle *mer* une vaste étendue d'eau *salée*.

Lorsque la mer est très grande on lui donne le nom
d'*océan*.

Les endroits de la terre baignés par la mer s'appellent *côtes, rivages, bords* ou *littoral*.

---

1. Pour que les élèves comprennent bien les notions de
géographie qui suivent, il est utile que le professeur fasse,
avec du plâtre ou de l'argile (matières qu'il lui sera toujours
facile de se procurer) une carte en relief pour l'étude des
termes géographiques, et une carte en relief de la localité où
se trouve l'école. Les leçons de géographie doivent contri-
buer, comme toutes les autres leçons, à l'étude du langage.
C'est pour cette raison que nous commençons par la définition
des termes géographiques.

Lorsque le bord de la mer est plat, il forme une *plage*.

On appelle *golfe* une partie de mer qui s'avance dans la terre. Un petit golfe s'appelle *baie* ou *anse*.

Un *cap*, au contraire, est une partie de terre qui s'avance dans la mer.

Un *détroit* est une partie de mer resserrée entre deux terres.

Un *isthme* est une partie de terre resserrée entre deux mers.

Une *île* est une terre entourée d'eau de tous les côtés.

Une *presqu'île* est une terre entourée d'eau de tous les côtés excepté d'un seul.

Lorsque plusieurs îles se trouvent groupées ensemble, elles forment un *archipel*.

En général, les hommes civilisés ont placé, à l'extrémité des caps, des *phares* pour guider les navires. Au fond des golfes, des baies ou des anses, ils ont creusé des *ports* pour abriter les vaisseaux. Ils ont aussi percé des isthmes et fait des *canaux* pour pouvoir passer plus facilement d'une mer à une autre mer.

EXERCICE DE LECTURE

Vêtements — Ornements.

L'homme a éprouvé de bonne heure le besoin de se *couvrir* le corps, soit pour se *garantir contre le froid ou la chaleur*, soit pour cacher sa *nudité*. Il s'est d'abord servi des feuilles des arbres et des *peaux* des animaux qu'il tuait pour se *nourrir*. Puis il a appris à *tisser* des *étoffes* variées avec des fils de laine, de soie, de *chanvre*, de *lin* et de coton. Il s'est confectionné avec ces étoffes des chemises, des *pantalons*, des *blouses*, des gilets, des *paletots*, des vestes, des robes, des jupes et des manteaux ; en un mot, il s'est fait des *vêtements* de toute espèce. Il s'est *tricoté* des

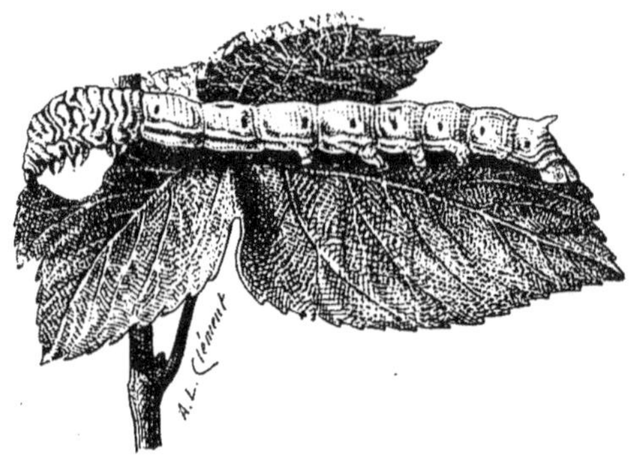

Un ver à soie.

Fruit du cotonnier.

chaussettes et des *bas*. Il s'est aussi *couvert la tête* avec

Un chapeau.

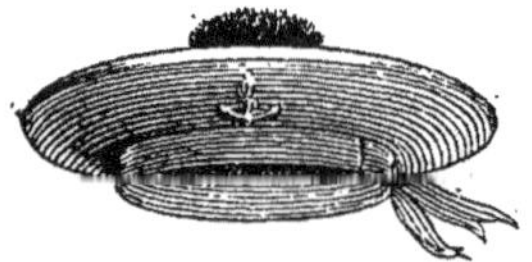

Un béret.

Une calotte.

des chapeaux, des *calottes*, des *casquettes* ou des bonnets.

Un képi.

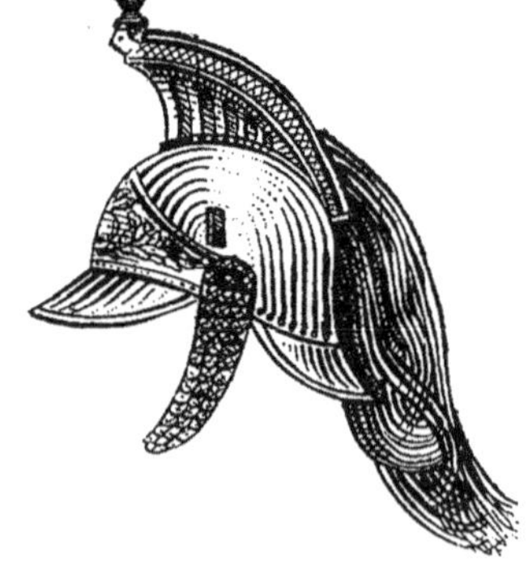

Un casque.

La laine lui est fournie par les moutons et les brebis qu'il tond en été. La *soie* provient d'une *chenille* blanche qu'on appelle *ver à soie*, qui se nourrit de feuilles de *mûrier*.

Le coton provient d'un arbuste qui a un mètre ou un mètre et demi de haut. Il est renfermé dans une *coque* de la grosseur d'un œuf, qui contient la *graine*. Le chanvre et le lin sont des plantes qu'on cultive avec le plus grand soin. Les fils qu'on retire de ces plantes proviennent de leur *écorce*.

Les *étoffes* sont faites par les *tisserands*.

Les vêtements sont confectionnés par les *tailleurs* ou les *tailleuses*; les *coiffures*, par les *chapeliers*.

Nous aimons aussi à porter des *bijoux*. L'homme se met des *bagues* aux

Nous aimons aussi à porter des bijoux.

doigts et quelquefois des boucles aux oreilles. Il est heureux quand il a dans le *gousset de son gilet* une belle montre attachée à une jolie chaîne en or. La femme met des *boucles d'oreille*, des *colliers*, des *agrafes*, des *bracelets*, des *anneaux* de pied et des *diadèmes*. Ces bijoux sont en or ou en argent. Ils sont souvent incrustés de pierres précieuses, de perles fines et de *diamants*.

28ᵉ LEÇON

Le derviche et le mendiant.

Un pauvre derviche, qui allait en pèlerinage à la Mecque, traversait pieds nus le désert. Le sable brûlant sur lequel il marchait lui causait une vive

A la porte de la mosquée il aperçut un mendiant qui n'avait pas de pieds.

douleur et il se plaignait amèrement à Dieu de la rigueur de son sort.

Arrivé à Koufa, il aperçut à la porte d'une mosquée un mendiant qui n'avait pas de pieds. La vue de cet homme lui fit faire des réflexions.

« Mes plaintes contre la Providence étaient insensées, dit-il en lui-même. Comment ai-je mérité d'être plus heureux que cet infortuné qui rampe sur le sol comme un ver? »

A force de marcher, ses pieds finirent par se durcir et le sable du désert ne lui causa plus de souffrance.

La patience et la résignation sont deux médecins qui guérissent bien des maux.

EXPRESSIONS. — **Un derviche allait en pèlerinage.** *Je vais à la ville. J'irai demain chez toi. Va te promener. Tu iras à pied à la ville et tu reviendras à cheval ou en voiture. Ce chemin va à la ville. Où va ce sentier? Cet habit me va mal. Ce chapeau vous va bien. Comment allez-vous? Comment va votre frère? Ce pauvre homme va mourir. Il allait se noyer lorsque je l'ai retiré de l'eau. Il allait partir lorsque je suis arrivé. Je vais revenir dans un quart d'heure. Je vais vous dire ce qui m'est arrivé. Il ne fait qu'aller et venir: il perd tout son temps. Il ne faut pas vous laisser aller au chagrin. Mon enfant, il ne faut pas te laisser aller à la paresse. Ne faites pas cela : il y va de votre vie. N'agissez pas ainsi : il y va de votre honneur. Tu lui as donné un fort coup : tu n'y vas pas de main morte. N'allez pas croire que je l'aie fait exprès.* — **A force de marcher, ses pieds se durcirent.** *A force de travailler, il est tombé malade. A force de forger, on devient forgeron. Je n'ai pas la force de marcher. Il n'a pas la force de porter ce sac. Ce travail est au-dessus de mes forces. Je l'ai tenu de toutes mes forces. Ce malade a repris des forces. Il l'a pris de vive force. Le vent souffle avec force. Vous m'avez fait force promesses, mais vous ne les avez pas tenues. Force lui fut de s'adresser à un autre.*

CONJUGAISON

Verbe **sortir.** *Présent :* Je sors, tu sors, il sort, nous sortons, vous sortez, ils sortent. *Imparfait :* Je sortais, etc. *Passé défini* : Je sortis, tu sortis, etc. *Passé indéfini* : Je suis sorti, etc. *Futur* : Je sortirai, etc. *Impératif* : Sors, sortons, sortez.

Verbe **offrir**. *Présent* : J'offre, tu offres, il offre, nous offrons, vous offrez, ils offrent. *Imparfait* : J'offrais, etc. *Passé défini* : J'offris, tu offris, il offrit, nous offrîmes, vous offrîtes, ils offrirent. *Passé indéfini* : J'ai offert, etc. *Futur* : J'offrirai, etc. *Impératif* : Offre, offrons, offrez.

Conjuguez de même le verbe **souffrir**.

Verbe **servir**. *Présent* : Je sers, tu sers, il sert, nous servons, vous servez, ils servent. *Imparfait* : Je servais, etc. *Passé indéfini* : J'ai servi, etc. *Futur* : Je servirai, etc. *Impératif* : Sers, servons, servez.

Géographie.

On appelle *montagne* une masse de terre très élevée.

Lorsque plusieurs montagnes se suivent et se relient entre elles, elles forment une *chaîne de montagnes*.

Une *colline* est une petite montagne.

Un *coteau* est une petite colline.

Un *tertre* est une petite élévation de terre.

Le point le plus élevé d'une montagne, le point *culminant*, s'appelle *la cime, le sommet, le faîte, la crête*.

La hauteur d'un lieu, par rapport au niveau de la mer, se nomme *altitude*. Ainsi une maison bâtie à un endroit qui se trouvera à 1245 mètres au-dessus du niveau de la mer, sera à 1245 mètres d'*altitude*.

On appelle *versant* la pente qui se trouve des deux côtés d'une chaîne de montagnes.

Faire l'*ascension* d'une montagne, c'est la *gravir*, c'est-à-dire monter afin d'arriver à son sommet.

Une montagne qui lance des matières enflammées, de la fumée et de la cendre s'appelle *volcan*. L'ouverture par laquelle sortent les matières enflammées s'appelle le *cratère* du volcan. La *lave* est la matière enflammée ou fondue qui sort du volcan.

Au sommet des hautes montagnes il tombe fréquemment de la neige. Aussi trouve-t-on souvent, sur certaines montagnes, de grandes quantités de glace qui ne fond jamais entièrement et qui constitue des *glaciers*.

Exercice.

L'élève copiera le texte suivant et complétera les mots suivis de points ou les verbes mis entre parenthèses :

Trois individus ... (voyager, *imparfait*) ensemble. L'un d'eux (être..., *imparfait*) quelque peu niais. Un soir ils (arriver, *passé défini*) sur le bord d'une rivière qu'ils (être, *imparfait*) obligés de travers.... Comme cette rivière (être, *imparfait*), profond..., ils ne purent pas la passe... à gué. Ils (entrer, *passé défini*) alors dans une grand... barque qui se (trouver, *imparfait*) sur le bord, et le niais y (entrer, *passé défini*) sans descendre de cheval. « Pourquoi êtes-vous resté sur votre monture? » lui (demander, *passé défini*) ses deux compagnons. « Mes ami..., leur (répondre, *passé défini*) le niais, il se fait tard, et j'ai voulu travers... la rivière le plus vite possible. »

EXERCICE DE LECTURE

Les animaux utiles à l'homme[1].

L'homme a su *dompter* et *apprivoiser* un grand nombre d'animaux pour l'aider dans ses travaux ou lui servir de *nourriture*.

---

1. Faire relire aux élèves dans le 2ᵉ livret, le texte de lecture courante, p. 75.

Le *cheval* tire les voitures ou porte *les fardeaux*. Il sert aussi de monture à l'homme, qui place une *selle* sur son dos et lui fait parcourir de grandes distances, car le cheval, qui *trotte* et *galope* facilement, est rapide à la course.

Le *mulet* et l'*âne* portent aussi de lourdes charges ou traînent des *chariots* pesants.

L'*éléphant*, qui est le plus gros des animaux, est aussi le plus vigoureux. Il peut porter des fardeaux excessivement lourds. C'est un animal intelligent et courageux. Aussi l'emploie-t-on souvent à la guerre. On fait avec l'*ivoire* de ses *défenses* un grand nombre de jolis objets.

Le *chameau* est fort patient; il est très utile aux habitants des déserts, car il est sobre et supporte longtemps la soif.

Le *bœuf* traîne la charrue avec laquelle on laboure la terre.

Le *chien* garde nos maisons, que le *chat* protège contre les souris et les rats.

La bonne *vache* nous donne son *lait*, si blanc, si savoureux. Avec ce lait on fait du *beurre* et du *fromage*. La *chèvre* et la *brebis* nous donnent aussi d'excellent lait.

Nous prenons, au *mouton* et à la *brebis*, leurs *toisons* soyeuses, et, à la *chèvre*, ses longs poils pour faire nos étoffes. Enfin, nous mangeons leur chair, ainsi que celle du bœuf, de la vache, du chameau et de leurs divers petits.

Soyons donc bons envers tous ces animaux qui nous rendent de si grands services.

29ᵉ LEÇON

Le coq et le renard.

Un coq était en train de s'ébattre loin de la ferme. Près de lui vient un renard qui lui adresse ces douces paroles : « Sire, que vous êtes beau ! Vous avez aussi une voix admirable. Jamais oiseau

Le coq et le renard.

ne chanta mieux, si ce n'est votre père, que je connus autrefois. »

« Oh ! je ne lui suis pas inférieur », dit le coq, qui bat des ailes et ferme les yeux pour rendre son chant plus mélodieux.

A l'instant, le renard s'élance, le saisit et court vers la forêt. Il passe par un champ où des chiens de berger se mettent à sa poursuite.

« Va, dit le coq, crie-leur : « Ce coq est à moi, vous n'en aurez rien. » Le renard veut parler ; mais il lâche le coq, qui s'envole sur le haut d'un arbre.

Le renard, stupéfait et confus, s'écrie : « Maudite soit la bouche qui parle quand elle devrait se taire ! »

« Maudit soit, dit le coq, l'œil qui se ferme quand il devrait veiller ! »

EXPRESSIONS. — **Un coq était en train de s'ébattre**. *Votre ami était en train d'écrire lorsque je suis entré dans son bureau. Je ne suis pas en train de plaisanter. Un train de chemin de fer ; un train d'artillerie ; un train de bois. Ce cheval va bon train. Ce gouverneur a un grand train de maison ; il doit dépenser beaucoup d'argent. Mettons-nous en train. Je ne suis pas en train aujourd'hui.* — **Les chiens se mettent à sa poursuite**. *Je me suis mis au travail. Mettons-nous en route. Je vais me mettre en campagne pour tâcher de retrouver mon ami. Je me suis mis en quatre pour tâcher de lui être utile. Mettez-vous à votre aise. Ne vous mettez pas en peine ; cette affaire s'arrangera facilement.*

Conversation.

DES MESURES ET DES POIDS

— Dites-moi, mes enfants : est-il utile de savoir compter ?

— Cela ne fait pas de doute, monsieur. Tout le monde a besoin de savoir compter.

— Est-il nécessaire de savoir mesurer ?

— Oui, monsieur.

— En effet, mes enfants, les hommes ont éprouvé de bonne heure le besoin de mesurer, par exemple, la hauteur d'un arbre, la longueur et la largeur d'un morceau de bois, d'une pierre.

— La longueur aussi d'une étoffe, monsieur, la hauteur d'une montagne, c'est-à-dire l'altitude.

— Oui, cela est vrai, mon ami, mais ce dernier besoin ne s'est fait sentir que beaucoup plus tard.

— Monsieur, on a eu besoin aussi de mesurer le temps, par exemple.

— C'est exact, mon garçon. Eh bien, savez-vous comment on a d'abord mesuré le temps ?

— Sans doute, monsieur, en observant la marche du soleil.

— Oui, mon ami. Puis on a inventé des instruments pour marquer l'heure, comme l'indiquent nos montres, nos horloges et nos pendules.

— Et comment marchaient ces instruments, monsieur ?

— Les uns marchaient à l'aide de l'eau, d'autres à l'aide du sable.... Mais ne nous écartons pas du sujet de notre conversation. Croyez-vous que les hommes aient découvert une *mesure* toute faite, soit en mesurant la terre, soit en parcourant les forêts ?

— Non, monsieur. Il est certain que les hommes n'ont pas trouvé une mesure toute faite.

— Comment ont-ils procédé alors ?

— Nous ne saurions vous répondre, monsieur.

— Eh bien, ils ont pris cette mesure sur eux.

— Comment cela, monsieur ?

— Ils ont pris la longueur de leur *pied*, et ils ont dit, par exemple : ce morceau de bois a tant de pieds de longueur. Ils ont pris aussi, comme mesure, leurs *doigts*, leur *main*, leur *bras*, même leur *pas*, même leur *taille*. Ils ont dit : Il y a tant de *pas*, pour aller de cette forêt à cette rivière ; cette planche a une longueur de tant d'*empans*

— Qu'est-ce que l'*empan*, monsieur ?

— C'est la distance qu'il y a entre le bout du pouce et l'extrémité du petit doigt....

— Les hommes calculaient aussi les distances en

disant que tel objet était à la portée de la *voix*, à la portée d'une *flèche*, que telle montagne était à une journée de *marche*, etc.

— Et pour les superficies, monsieur, comment faisait-on ?

— On disait, et on dit encore dans certains pays : ce champ a la superficie d'une journée de labour ; cette terre a la superficie d'une charrue, c'est-à-dire que pour labourer cette terre il faut le travail d'une charrue pendant toute la saison de labour.... Comme mesures de capacité, on s'est servi de la main, de la poignée, de l'outre. Comme poids, on s'est servi et on se sert encore du grain de blé, de cailloux, etc. Comme monnaie on s'est servi de poudre d'or, de coquillages, de marchandises diverses qu'on échangeait contre d'autres marchandises.

... Eh bien, mes enfants, toutes ces mesures étaient-elles des mesures exactes, invariables et commodes ?

— Oh non, monsieur !

— Pourquoi cela ?

— Parce que, monsieur, nous n'avons pas tous, les pieds, les doigts, les mains, les bras de la même longueur ; parce que les uns ont le pas long, les autres ont le pas court ; parce que la voix de mon voisin, par exemple, peut être plus forte que la mienne et s'entendre de plus loin.

— Vous avez raison, mes amis. Aussi il arrivait que les mesures changeaient de valeur d'un pays à l'autre et souvent dans le même pays, ce qui gênait beaucoup les personnes qui avaient à vendre ou à acheter.... En France, ces inconvénients existaient comme dans tous les autres pays. Pour les faire disparaître, on a fait chercher par des savants une *mesure* que l'on pût toujours retrouver dans le cas où elle viendrait à se perdre et cette mesure on l'a prise sur la terre même : elle s'appelle *le mètre*.

GRAMMAIRE

PRONOMS PERSONNELS

On appelle **pronom** *un mot qui tient la place du nom.* Les mots **je, tu, il, elle, nous, vous, ils, elles,** *que nous avons rencontrés dans la conjugaison des verbes,* sont des **pronoms personnels**.

La personne qui parle dit **je** *ou* **nous** (on dit que ces pronoms sont de la première personne).

Lorsqu'on parle à une personne on lui dit **tu** *ou* **vous** (ces pronoms sont de la deuxième personne).

Quand on parle de quelqu'un, on dit **il, elle, ils, elles** (ces pronoms sont de la troisième personne).

La première personne est donc **celle qui parle.**

La deuxième personne est **celle à qui l'on parle.**

La troisième personne est **celle de qui l'on parle.**

Les pronoms personnels sont :

PREMIÈRE PERSONNE

Je. . . . . . Ex. : **Je frappe mon chien.**

me. . . . . Ex. : **Cet homme me regarde,** *c'est-à-dire* **regarde moi.**
Cet homme me parle, *c'est-à-dire* **parle à moi.**

moi . . . . Ex. : **Qui a fait cela ? — Moi.**
Votre frère travaille avec moi.

nous. . . . Ex. : **Nous frappons notre chien.**
Cet homme nous regarde, *c'est-à-dire* **regarde nous.**
Cet homme nous parle, *c'est-à-dire* **parle à nous.**
Cet homme travaille avec nous.

DEUXIÈME PERSONNE

tu, te, toi, vous (même emploi que les pronoms de la première personne).

TROISIÈME PERSONNE

il, elle. . ⎰ Ex. : ***Il frappe, elle frappe.***
ils, elles. ⎱   ***Ils frappent, elles frappent.***

lui. . . . ⎫ Ex. : ***Qui a fait cela? Lui... eux.***
          ⎬   ***Je travaille avec lui, avec eux.***
eux . . . ⎭   ***Je lui ai écrit une lettre,*** *c'est-à-dire* ***j'ai écrit à lui.***

leur. . . Ex. : ***Je leur ai écrit une lettre,*** *c'est-à-dire* ***j'ai écrit à eux.***

le, la, les. Ex. : ***Je le frappe, je la frappe, je les frappe,*** *c'est-à-dire* ***je frappe lui, je frappe elle, je frappe eux.***

se, soi. . Ex. : ***Il se flatte,*** *c'est-à-dire* ***il flatte soi.***

en. . . . Ex. : ***Il en parle,*** *c'est-à-dire* ***il parle de lui*** *ou* ***de cela.***

y. . . . . Ex. : ***Il y pense,*** *c'est-à-dire* ***il pense à lui*** *ou* ***à cela.***

REMARQUE. — *Il ne faut pas confondre* **le, la, les,** **articles,** *avec* **le, la, les, pronoms.** *Les premiers se mettent toujours devant des* **noms,** *les autres, devant des* **verbes.**

Exercices.

1° Copier le texte suivant en le complétant, soit en appliquant certaines règles, soit en remplaçant les points par des pronoms à la personne voulue.

L'homme aveugle et l'enfant.

Un petit enfant aperçut un jour un homme aveugle qui (passer, *imparfait*) dans la rue. Cet aveugle (porter, *imparfait*) sur son dos … lourd… charge de bois et (tenir, *imparfait*) à la main … lanterne allumé… Cela (étonner, *passé défini*) l'enfant qui (s'approcher, *passé défini*) de l'aveugle et se (moquer, *passé défini*) de … « Aveugle, mon ami, lui dit l'enfant, pourquoi portes… une lanterne allumé … en plein jour ? Tu (devoir, *présent*) bien savoir pourtant que tu ne vois pas clair. » — « Petit enfant, (répondre, *passé défini*) l'aveugle, il est malheureusement vrai que je n'y vois pas ; mais je (porter, *présent*) avec … une lanterne pour avertir les gens étourdis de ne pas … heurter ».

2° Faire recopier le texte précédent en faisant remplacer le mot *homme* par *femme* et le mot *enfant* par *fille.*

3° Faire recopier le même texte en remplaçant *l'homme* par *les hommes,* et *l'enfant* par *les filles.*

EXERCICE DE LECTURE

Douceur envers les animaux.

Salomon a dit dans ses proverbes : « L'homme bon épargne les animaux, mais le cœur du méchant est cruel. »

Moïse a dit aussi : « Si tu vois l'âne de ton ennemi tomber sous le fardeau, tu iras à son secours. » A plus forte raison devons-nous agir avec douceur à l'égard des animaux qui nous servent nous-mêmes.

Un voyageur raconte le trait suivant : « Un jour, je traversais la Bretagne ; l'été était dans toute sa force, et la chaleur était étouffante. Je montais un chemin difficile. Une petite charrette, pleine d'ardoises, cheminait à côté de moi.

« Je remarquai bientôt que le conducteur, pauvre vieillard tout déguenillé, tirait, avec une corde passée sur son épaule, autant que le cheval, et je lui dis : « Mon ami, vous vous donnez beaucoup de peine. » — « Oh! Monsieur, me répondit-il, cela ne fait rien, je soulage mon bon vieux cheval qui est aveugle. »

« Nous arrivons en haut de la côte : le vieillard arrêta la voiture et essuya avec de l'herbe la sueur qui coulait sur son cheval.

« Je donnai la moitié de ma bourse à ce brave homme. Je ne puis m'empêcher d'être ému, encore aujourd'hui, lorsque je me rappelle ce fait, et lorsque, doucement, en fermant les yeux, je revois la côte aride, la petite charrette, le cheval aveugle, et le vieux paysan. »

30ᵉ LEÇON

TEXTE

Leçon ingénieuse.

Un pauvre Bédouin avait coutume de présenter à Haroun-er-Rachid, toutes les fois qu'il sortait du palais, un petit poème en son honneur. Il l'avait déjà fait bien souvent, mais sans jamais obtenir la récompense qu'il espérait.

Un jour le kalife, le voyant encore venir à lui, écrivit rapidement de sa propre main quelques vers et les lui fit remettre.

Celui-ci de les lire aussitôt en en faisant le plus grand éloge et en les admirant de la voix et du geste. Puis, plongeant la main dans sa pauvre bourse, il en tira quelques dirhems qu'il tendit au prince en lui disant : « Sans doute, cela n'est point en rapport avec ta fortune, ô kalife ; si j'avais plus, je te donnerais davantage. »

Tous les assistants se mirent à rire, et Haroun-er-Rachid, ayant compris la leçon, fit compter au poète la somme de cent dinars.

EXPRESSIONS. — **Il écrivit de sa propre main.** *Il le tua de sa propre main. Il a fait cela de son propre mouvement. L'étourderie est un défaut propre à la jeunesse. Il a chassé ses propres fils. Je vous répète ses propres paroles : je les ai entendues de mes propres oreilles. Mon oncle m'aime comme son propre fils. C'est le propre de l'honnête homme de dire toujours la vérité. Cela m'appartient en propre.* — **Il lui fit compter cent dinars.** Le verbe *faire* est souvent placé devant un autre verbe à l'infinitif. Il peut toujours alors être suivi d'un complément direct : *faire monter quelqu'un, faire courir un cheval.* — *Il fait bien ; il fait mal. Je ne sais que faire. Il m'a fait du bien ; il m'a fait du mal. Vous avez beau faire et beau dire, je ne vous écouterai pas. Il m'a fait peur. Vous me faites pitié. Tu lui as fait honte. Tu fais le méchant ; tu fais le malade ; tu fais le mort. Qu'est-ce que cela peut me faire ? Qu'est-ce que cela fait ? Il fait beau temps ; il fait mauvais temps ; il fait du soleil. J'ai beaucoup à faire ; je n'ai rien à faire. Je n'ai pas affaire à vous ; j'ai affaire à votre frère. Tu ne fais que jouer : tu ne travailles jamais. Je ne fais que d'arriver. Je n'ai que faire de vos conseils.*

GRAMMAIRE

NÉGATION

Pour exprimer la **négation**, *c'est-à-dire pour* **nier** *quelque chose, on place* **le verbe** *entre* **ne** *et* **pas** (**ne....pas**). Ex. :

Je porte ; *avec la négation :* **je ne porte pas.**

Je t'ai vu ; *avec la négation :* **je ne t'ai pas vu.**

Je vous ai parlé ; *avec la négation :* **je ne vous ai pas parlé.**

On supprime le mot **pas** *lorsqu'il y a dans la phrase un autre mot exprimant une négation, comme* **rien**, **nul, aucun, ni** (*répété*), *etc.* Ex. :

Nous n'avons rien.

Nous n'avons rencontré aucune personne.

Cet enfant n'obéit ni à sa mère ni à son père.

Il n'obéit qu'à son professeur.

INTERROGATION

Pour interroger quelqu'un, pour demander quelque chose, on se sert de **l'interrogation.** *L'interrogation s'exprime en français en plaçant le* **pronom après** *le* verbe. **Je sortirai ce soir.** *Avec l'interrogation :* **sortirai-je ce soir?**

Tu viendras me voir demain. *Avec l'interrogation :* **viendras-tu me voir demain?**

Tu as écouté la leçon. *Avec l'interrogation :* **as-tu écouté la leçon?**

Remarque. — *Lorsque le verbe est terminé par une voyelle, on place un* **t** *entre lui et les pronoms* **il, ils, elle, elles,** *dans la forme interrogative.* Ex. :

Il parle bien. *Avec l'interrogation :* **parle-t-il bien?**

Il viendra me voir. *Avec l'interrogation :* **viendra-t-il me voir?**

*Cependant à la première personne du singulier, lorsque le verbe est terminé par **e**, on se contente de mettre un accent aigu sur cet **e**. Ex. : **je chante**; avec l'interrogation : **chanté-je**? Cette manière d'interroger est peu usitée; on préfère employer l'interrogation* **est-ce que** *devant le verbe :* **est-ce que je chante?**

Exercices.

1° Exemples d'interrogations diverses (à copier). Que dit cet homme tout bas? Que dis-tu à ton ami? Où vas-tu de ce pas? D'où viens-tu à cette heure? Par où êtes-vous passés? Pourquoi sont-ils sortis seuls? Pourquoi ne sortira-t-il pas avec vous? Qui est-ce qui t'a insulté? Qu'est-ce que vous avez vu dans cette ville? Qu'est-ce cela? Quand sera-t-il de retour? Comment avez-vous passé la nuit? Combien de fois est-elle venue vous voir? Combien avez-vous payé ce cheval? Chez qui ira-t-il passer la nuit? Avec qui se sont-ils associés? A qui avez-vous écrit cette lettre? Dans quoi avez-vous mis la viande? Quel cheval avez-vous acheté? Quelle mule avez-vous louée? Quels sont les enfants que vous avez punis? Quelles sont les filles que vous avez récompensées? Dans quelle ville allez-vous acheter une maison? Pour quelle raison avez-vous renvoyé ce domestique?

2° L'élève formera vingt phrases en employant chaque fois une forme interrogative différente.

Géographie.

L'eau provenant de la pluie ou de la fonte de la glace et de la neige pénètre dans le sol et va ressortir à certains endroits en formant des *sources* plus ou moins abondantes.

L'eau qui coule à la surface de la terre suit la pente du terrain et va se jeter le plus souvent dans la mer en formant des *cours d'eau.*

Un petit cours d'eau s'appelle *un ruisseau.*

On nomme *fleuve* un grand cours d'eau qui se jette dans la mer.

On appelle *rivière* un cours d'eau assez important qui se jette dans un fleuve ou dans une autre rivière.

Un *torrent* est un cours d'eau très rapide qui coule abondamment à la suite des pluies. Souvent les torrents sont à sec en été.

L'endroit où un fleuve se jette dans la mer s'appelle *embouchure ;* l'endroit où deux cours d'eau se rencontrent et réunissent leurs eaux se nomme *confluent.*

On appelle *affluent* le cours d'eau qui se jette dans un autre cours d'eau.

Le *bord* d'un cours d'eau s'appelle aussi la *rive.*

Tout cours d'eau a deux rives : on appelle *rive droite*, celle qui est à droite du *courant* de l'eau ou du *fil* de l'eau ; et *rive gauche*, celle qui est à gauche du *fil* de l'eau.

EXERCICE DE LECTURE

Les minéraux et les métaux.

L'homme emploie à de nombreux usages certains *minéraux* et certain *métaux* qu'il va quelquefois chercher dans le sein de la terre, en creusant de grands trous appelés *mines* où il établit des *galeries.*

Galerie d'une mine. Mineurs.

Avec les

pierres qu'il extrait des *carrières*, il construit des maisons qu'il orne avec le marbre dont il fait des escaliers, des cheminés, des carreaux.

Il fait de la *chaux*, du *plâtre* et du *ciment* avec certaines qualités de pierres.

La chaux mêlée au sable donne le *mortier*.

Carrière de pierre.

Avec l'argile, pétrie et travaillée avec soin par le *tuilier* et le *potier*, il fait des tuiles, des briques, des casseroles, des marmites, des assiettes et des plats. Il fait aussi des assiettes, des plats, des tasses, etc., en *porcelaine*.

En fondant du sable avec de la potasse, il fabrique du *verre* qui sert à faire les bouteilles, les verres, les carafes, les vitres, etc.

Un potier.

Avec le *fer*, on fabrique toutes sortes d'outils, d'instruments et de meubles. Le fer est le métal qui est le plus utile à l'homme.

Avec l'*acier*, l'homme fait des haches, des couteaux, des rasoirs, des ciseaux et mille autres objets.

Avec le *cuivre*, il fait des chandeliers, des chaudrons, des marmites, des casseroles, des anneaux, des tuyaux et beaucoup d'autres objets.

Le *plomb*, qu'il peut faire fondre facilement et

couler dans des *moules*, lui permet de fabriquer des tuyaux, des plats, des encriers, etc.

Avec l'*argent*, il fait des bijoux, de la vaisselle, de la monnaie.

Il fabrique aussi des bijoux et de la monnaie avec l'*or*, qui est un métal très précieux.

31ᵉ LEÇON

GRAMMAIRE

CONJUGAISON

Verbe **devoir**. *Présent* : Je dois, tu dois, il doit, nous devons, vous devez, ils doivent. *Imparfait* : Je devais, tu devais, etc. *Passé défini* : Je dus, tu dus, il dut, nous dûmes, vous dûtes, ils durent. *Passé indéfini :* J'ai dû, etc. *Futur :* Je devrai, tu devras, etc. *Impératif :* Dois, devons, devez.

Verbe **vouloir**. *Présent* : Je veux, tu veux, il veut, nous voulons, vous voulez, ils veulent. *Imparfait* : Je voulais, etc. *Passé défini* : Je voulus, tu voulus, il voulut, nous voulûmes, vous voulûtes, ils voulurent. *Passé indéfini* : J'ai voulu, etc. *Futur :* Je voudrai, tu voudras, etc. *Impératif :* Veux, ou veuille, veuillons, veuillez.

Verbe **pouvoir**. *Présent* : Je peux ou je puis, tu peux, il peut, nous pouvons, vous pouvez, ils peuvent. *Imparfait* : Je pouvais, etc. *Passé défini* : Je pus, tu pus, il put, nous pûmes, vous pûtes, ils purent. *Passé indéfini* : J'ai pu, tu as pu, etc. *Futur :* Je pourrai, tu pourras, etc. Pas d'*impératif*.

Dictée.

Une petite fille se promenait un jour dans un verger où il y avait beaucoup d'orangers chargés de fruits. Elle vit à terre une belle orange qu'elle s'empressa de ramasser. Puis elle se mit à mordre à pleines dents dans la peau du fruit, ignorant qu'il ne pouvait être mangé sans être épluché. Aussi elle le jeta bien vite en s'écriant : « Que cette orange est amère ! » Sa bonne mère, qui arrivait juste à ce moment, ramassa l'orange, l'éplucha et la lui donna en lui disant : « Ma chère enfant, mange-la maintenant, tu verras qu'elle est douce. Souvent le dehors des choses et des hommes est mauvais, mais le cœur est bon. »

Géographie.

Un cours d'eau se creuse quelquefois un *lit* profond dans le terrain qu'il traverse. On dit alors que le cours d'eau est *encaissé* et les bords élevés et presque droits qui se trouvent à droite et à gauche s'appellent des *berges*.

Une rivière ou un fleuve peut être *large*, quelquefois *rapide*. Il peut y avoir beaucoup d'eau : la rivière est alors *pro-*

Rivière, Gué, Bac.

fonde. A la suite de grandes pluies ou de la fonte des neiges, l'eau peut arriver en très grande quantité dans les rivières et les fleuves. Leurs lits ne suffisent plus alors pour la contenir, et elle *déborde*, c'est-à-dire qu'elle passe par-dessus les bords et occasionne des *inondations*.

Un *pont* est une construction qu'on fait pour traverser facilement une rivière ou un fleuve. Il y a des ponts en bois, en fer ou en pierre. Lorsqu'il n'y a pas de pont sur une rivière profonde, on est obligé de la traverser à la nage, à moins qu'on ne trouve un *bac* ou un *gué*.

Un *bac* est une sorte de grand bateau plat qui est retenu par une grosse corde ou câble et qui sert à passer les voyageurs, les voitures, les bestiaux, etc., d'un bord à l'autre d'une rivière.

Un *gué* est l'endroit d'une rivière ou d'un fleuve où l'eau est si peu profonde qu'on peut passer à pied sans risquer de se noyer.

Lorsqu'une rivière n'est pas trop rapide et qu'elle est suffisamment profonde, elle est *navigable*, c'est-à-dire que des bateaux peuvent voyager sur l'eau de cette rivière sans toucher le *fond*.

EXERCICE DE LECTURE

Le bracelet disparu.

Un bijoutier avait un jeune apprenti auquel il enseignait à fabriquer et à réparer les bijoux. Un jour on apporta à ce bijoutier un bracelet à arranger. Le bijoutier, occupé à un travail pressé, posa le bracelet sur une étagère, se promettant de le réparer le jour suivant.

Le lendemain, en effet, il voulut reprendre le bracelet, mais il ne le trouva plus. Il eut beau chercher dans tout son atelier, il ne le découvrit nulle part.

Comme son apprenti pouvait entrer librement chez lui, il pensa que lui seul avait dérobé le bracelet et il le fit mettre en prison malgré les larmes et les prières du pauvre enfant qui jurait être innocent.

Quelques jours après, au moment où il entrait dans sa boutique, le bijoutier aperçut une pie qui s'envolait par la fenêtre et qui emportait une bague d'or dans son bec.

Il suivit des yeux la pie et la vit entrer dans le trou d'une muraille.

Le bijoutier prit alors une échelle, grimpa jusqu'au trou et y trouva la bague, le bracelet et d'autres objets brillants.

Il comprit alors qu'il avait accusé son apprenti injustement. Il le fit remettre immédiatement en liberté, le reprit chez lui et lui donna une forte somme d'argent pour le dédommager du tort qu'il lui avait causé involontairement.

Il ne faut jamais se hâter de porter une accusation contre une personne, quelles que soient les apparences qu'il y ait contre elle. Il vaut mieux laisser un coupable sans punition que de risquer de faire condamner un innocent.

PROVERBE. — **Dans le doute, abstiens-toi.**

32ᵉ LEÇON

TEXTE

La cupidité punie.

Un jardinier[1] qui cultivait avec soin ses

1: Un *jardinier* est un individu dont le métier est de cultiver des jardins. Un individu qui cultive plus particulièrement des légumes est un *maraîcher*. Un *jardin* est un endroit où l'on cultive des plantes ou des arbres utiles ou d'agrément.

légumes, eut un chou d'une grosseur extraordinaire. Il alla porter ce chou au gouverneur du pays et lui en fit présent[1]. Le gouverneur, qui encourageait beaucoup l'agriculture[2], félicita le jardinier sur les beaux produits qu'il obtenait dans son jardin et lui donna deux pièces d'or.

Un voisin du jardinier ayant appris cela, se dit en lui-même : « Je vais offrir au gouverneur le plus beau de mes agneaux. Puisqu'il a donné deux pièces d'or pour un chou, il me donnera bien davantage pour un agneau. »

Il offrit en effet un agneau gras au gouverneur. Celui-ci ayant deviné le motif qui faisait agir notre individu, lui dit :

« Je veux aussi vous faire un cadeau, et, en échange de votre agneau que j'accepte, je vais vous donner quelque chose qui m'a coûté trois fois sa valeur. »

Et il lui donna le chou du jardinier.

Le mobile de nos actions doit toujours être louable.

EXPRESSIONS. — **Il cultivait avec soin ses légumes.** *Il fait son travail avec beaucoup de soin. J'aurai soin de vous prévenir lorsque j'aurai fini ce*

Un *potager* est un jardin où l'on cultive surtout des légumes. Un *verger* est un jardin planté d'arbres fruitiers. Une *pépinière* est un endroit où l'on a semé des graines d'arbres pour avoir des plants d'arbres.

1. *Présent, don, cadeau*, sont des mots *synonymes*, c'est-à-dire ayant à peu près le même sens.

2. L'*agriculture* est la culture des champs ; l'*horticulture* est la culture des jardins ; l'*arboriculture* est la culture des arbres ; la *viticulture* est la culture de la vigne.

travail. Ayez soin de mon frère. Je vous prie de prendre soin de lui. Prenez soin de votre santé. Je vous promets de donner tous mes soins à cette affaire. — **Il lui donna deux pièces d'or.** *Il lui a donné la permission de s'en aller. Il lui a donné sa confiance. Il n'est pas donné à tout le monde de bien chanter. En tombant, cet homme a donné de la tête contre l'angle du mur. Il a donné dans le piège. Les fenêtres de ma chambre donnent sur la rue.*

GRAMMAIRE

ADJECTIFS DÉMONSTRATIFS

Quand on dit : **ce livre, cet homme, cette femme, ces livres, ces femmes,** *on* **désigne,** *on* **montre** *un livre, un homme, une femme, etc. Les mots* **ce** *pour le masculin,* **cette** *pour le féminin,* **ces** *pour le pluriel des deux genres, sont des* **adjectifs démonstratifs.**

Quand le nom masculin commence par une **voyelle** *ou un* **h** *muet, au lieu de* **ce,** *on dit* **cet.**

Quelquefois on ajoute encore après le nom le mot *ci* pour désigner les objets ou les personnes rapprochés, et *là* pour les objets ou les personnes éloignés. Ex. : **ce livre-ci, ce livre-là.**

PRONOMS DÉMONSTRATIFS

Les pronoms démonstratifs sont :

celui } pour le masculin singulier.
ce..... }
celle... pour le féminin singulier.
ceux... pour le masculin pluriel.
celles.. pour le féminin pluriel.

Ces mots peuvent être suivis de **ci** *ou de* **là, celui-ci, ceci, celle-ci, ceux-ci, celles-ci, celui-là, cela. celle-là, ceux-là, celles-là.**

Remarque. — *Les **adjectifs démonstratifs** se placent toujours devant un nom. Les **pronoms démonstratifs** ne se placent jamais devant un nom.*

CONJUGAISON

Verbe **voir**. *Présent :* Je vois, tu vois, il voit, nous voyons, vous voyez, ils voient. *Imparfait :* Je voyais, tu voyais, etc. *Passé défini :* Je vis, tu vis, il vit, nous vîmes, vous vîtes, ils virent. *Passé indéfini :* J'ai vu, etc. *Futur :* Je verrai, tu verras, etc. *Impératif :* Vois, voyons, voyez.

Verbe **savoir**. *Présent :* Je sais, tu sais, il sait, nous savons, vous savez, ils savent. *Imparfait :* Je savais, tu savais, etc. *Passé défini :* Je sus, tu sus, il sut, nous sûmes, vous sûtes, ils surent. *Passé indéfini :* J'ai su, etc. *Futur :* Je saurai, etc. *Impératif :* Sache, sachons, sachez.

Exercice.

L'élève copiera l'exercice suivant et le complétera.

Le villageois imprévoyant.

Un villageois qui (avoir, *imparfait*) besoin d'aller ... ville voisin... pour régle... différent... affaires..., (aller, *passé défini*) prendre son cheval à .., le (seller, *passé défini*) et il se (disposer, *imparfait*) à monter en selle lorsqu'il (s'apercevoir, *passé défini*) qu'il (manquer, *imparfait*) un clou à l'un des fers... de sa bête : « Un clou de plus ou de moins (penser, *passé défini*), cela importe peu. L'animal fera bien la course », et, sans plus tarder, il (partir, *passé défini*). La distance à parcourir pour arriv... à ... ville (être, *imparfait*) assez long..., et le chemin (être, *imparfait*) difficile et ... de cailloux. Aussi le cheval ne (tarder, *passé défini*) ... à perdre son fer. Alors il se (blesser, *passé défini*) au-dessus du sabot et se (mettre, *passé défini*) à boite.... Le villageois n'avait pas fait la moitié du chemin et il (devoir, *imparfait*) traverse... une forêt qui (être, *imparfait*) dangereu... parce que des brigands s'y étaient installés. A peine notre paysan fut-il entré dans cette ... que les voleurs l' (assaillir, *passé défini*). Se voyant en danger, il (piquer, *passé défini*) des éperons son ...; mais le pauvre animal, qui était de plus en plus blessé au pied, ne (pouvoir, *passé défini*)... courir et son maître fut arrêté par les brigands qui le (dépouiller, *passé défini*) de son argent et de ses vêtements et lui (prendre, *passé défini*) son cheval avec tous ses harnais.

Quelquefois de petites négligences occasionnent de grandes pertes.

EXERCICE DE LECTURE

Les métiers.

L'homme civilisé a besoin d'un grand nombre d'objets qui sont fabriqués par différents ouvriers.

Le *menuisier* travaille le *bois*. Il se sert de planches pour faire les portes, les fenêtres, les persiennes, les armoires, les bureaux, les étagères, les tables, les pétrins, etc. Il se sert de diverses espèces ou *essences* de bois : le sapin, le hêtre, le chêne, le cèdre, le frêne, l'olivier, le peuplier. L'*ébéniste* travaille aussi le bois, mais il ne fait que des meubles fins avec l'acajou, le

Un tonnelier.

bois de noyer, l'ébène. Le *charpentier* fait, avec des

poutres, des chevrons et des madriers, la toiture des maisons. Le *tonnelier* fabrique des tonneaux, des bordelaises, des foudres, des barils et des baquets.

Le *charron* fait des voitures, des charrettes, des brouettes, des charrues et des roues.

Les crosses des fusils, les rames des barques, les mâts des navires et beaucoup de navires eux-mêmes sont aussi en bois.

Maréchal ferrant.

Le *serrurier* fabrique, avec le *fer* et l'*acier*, des serrures, des clefs, des cadenas. Le *forgeron* bat le fer sur l'enclume, après l'avoir fait rougir dans le feu de la forge qu'il active avec son soufflet. Il fait des *outils* de toutes sortes : des pioches, des pelles, des haches, des marteaux, des tenailles, des clous, des vis, des socs de charrues et des charrues aussi. Le *maréchal ferrant* met des fers aux sabots des chevaux, des mulets et des ânes.

33ᵉ LEÇON

TEXTE

Le rat de ville et le rat des champs [1].

Un jour un rat, qui habitait dans un beau palais situé en ville, invita à déjeuner un de ses

---

1. **Synonymes et homonymes.** — Le professeur devra faire faire à ses élèves de nombreux exercices oraux et écrits à l'aide des *synonymes*, des *homonymes* et des mots divers que nous donnons dans les notes.

cousins qui habitait un modeste trou en pleine campagne. Il lui fit manger les mets [1] les plus délicats, qu'il lui servit dans des plats d'argent. Mais, au milieu du festin, ils furent effrayés par

Salle à manger luxueuse.

un bruit terrible qu'on fit à la porte de la chambre.

Aussitôt le rat de ville se sauva [2] dans son trou et son compagnon le suivit.

1. Le mot *mets* désigne de la nourriture préparée pour être servie à un repas. Il ne faut pas confondre ce mot avec d'autres mots qui se prononcent de la même façon, comme *mets*, impératif du verbe *mettre; mais*, mot invariable; *mes*, adjectif possessif. Les mots qui se prononcent de la même manière, mais qui n'ont pas le même sens, s'appellent des *homonymes*. Nous en avons déjà rencontré plusieurs, comme *selle* (féminin), sorte de siège qu'on met sur le dos du cheval; *sel* (masculin), avec lequel on assaisonne les aliments; *celle*, pronom démonstratif; — *laid*, adjectif, synonyme de vilain; *lait* (masculin), le liquide blanc que donnent la vache, la chèvre et d'autres femelles d'animaux; *laie* (féminin), la femelle du sanglier; *les*, article, pluriel; — *pécheur*, celui qui prend du poisson; *pécheur*, celui qui commet des péchés, etc.

2. Le verbe *se sauver* a pour synonymes *s'enfuir, s'échapper, s'évader*.

Le bruit ayant cessé, le rat de ville proposa à son cousin de reprendre leur repas. « Je vous remercie, lui répondit celui-ci, je suis maintenant rassasié. La frayeur[1] m'a coupé l'appétit. Si vous voulez faire un repas frugal, mais sans être inquiété par personne, venez chez moi à la campagne. Quant à moi je ne viendrai plus vous voir : vous courez ici trop de dangers[2]. »

Il vaut mieux vivre modestement en jouissant de la tranquillité que de courir toutes sortes de dangers au sein de l'abondance.

Proverbe. — **Quand le chat est sorti, les souris dansent.**

EXPRESSIONS. — **Il lui servit les mets**. *Voulez-vous que je vous serve à boire ? Servez-moi à manger. Quel est le domestique qui vous sert à table ? Ce soldat sert dans l'artillerie. Mon cousin sert dans la marine. Votre livre ne vous sert à rien puisque vous n'étudiez jamais. Vous me promettez toujours de travailler ; à quoi sert cette promesse, si vous ne la tenez pas ? Cet homme m'a servi de père. Je me sers de cette plume pour écrire.* — **Je ne reviendrai plus vous voir**. *Je vous affirme que je l'ai vu de mes propres yeux. J'y vois clair : je n'y vois pas de travers. Je n'y vois que du bleu. Votre père voit d'un mauvais œil vos relations avec ce jeune homme. Je vois avec plaisir que vous avez fait beaucoup de progrès. Faites-moi voir votre livre. Faites-lui voir que vous avez du cœur.*

1. Le mot *frayeur* a pour synonymes *la peur, la crainte, l'épouvante, la terreur, l'effroi* (masculin).
2. *Danger*, synonymes : *péril, risque*.

GRAMMAIRE

CONJUGAISON

Verbe **dire**. *Présent* : Je dis, tu dis, il dit, nous disons, vous dites, ils disent. *Imparfait* : Je disais, tu disais, etc. *Passé défini* : Je dis, tu dis, il dit, nous dîmes, vous dîtes, ils dirent. *Passé indéfini* : J'ai dit, etc. *Futur* : Je dirai, etc. *Impératif* : Dis, disons, dites.

Verbe **rire**. *Présent* : Je ris, tu ris, il rit, nous rions, vous riez, ils rient. *Imparfait* : Je riais, etc. *Passé défini* : Je ris, tu ris, il rit, nous rîmes, vous rîtes, ils rirent. *Passé indéfini* : J'ai ri, tu as ri, etc. *Futur* : Je rirai, etc. *Impératif* : Ris, rions, riez.

Géographie.

Les cours d'eau, en descendant des montagnes, tra-

La plaine.

La vallée.

versent habituellement des *vallons*, des *vallées*, puis des *plaines*.

Une *vallée* est une étendue de terrain resserrée entre des montagnes ou des collines.

Un *vallon* est une petite vallée.

Une *plaine* est une grande étendue de terrain plat.

Lorsque la plaine est élevée on l'appelle *plateau*.

On appelle *désert* une vaste étendue de pays stérile,

inhabité, sans eau et généralement couvert de sable.
c'est-à-dire où il n'y a aucune production, à peu près

Un plateau.

Le désert.

On appelle *oasis* (s. f.) un terrain fertile au milieu

Une oasis.

Un lac.

du désert, formant comme une île de verdure dans les sables.

L'eau forme encore, à la surface de la terre, des *lacs*, des *étangs*, des *mares*, des *marais* et des *marécages*.

Un *lac* est une étendue d'eau au milieu des terres.

Un *étang* est un petit lac.

Une mare.

Une *mare* est un petit amas d'eau *dormante* ou *stagnante*, c'est-à-dire qui ne coule pas.

Un *marais* est un terrain recouvert d'eau peu profonde.

Un *marécage* est un terrain recouvert d'eau et de plantes.

Dictée.

Un bon conseil.

Un homme avait installé sur une rivière un bac dans lequel il passait, moyennant salaire, les voyageurs qui voulaient aller d'un bord à l'autre de cette rivière. Un jour, un étranger, qui voulait traverser le cours d'eau, se présenta au batelier et lui dit : « Mon brave homme, j'ai besoin d'aller sur l'autre bord de cette rivière ; mais je n'ai pas d'argent pour vous payer le prix du passage. Si vous voulez, je vous donnerai un bon conseil en paiement. » — « Volontiers », répondit le batelier, et il transporta l'étranger de l'autre côté de l'eau. « Mon ami, lui dit alors ce dernier, voici le conseil que j'ai promis de vous donner : Ne passez pas beaucoup d'individus comme moi, car vous ne tarderiez pas à mourir de faim. »

EXERCICE DE LECTURE

Les métiers (FIN).

L'*armurier* fabrique des *armes* avec lesquelles l'homme se défend contre ses ennemis ou tue les animaux et les oiseaux qui lui sont nuisibles, ou qui servent à sa *nourriture*. L'armurier fabrique ou répare les *fusils*, les *pistolets*, les *sabres*, les *épées* et les *poignards*. Le canon des fusils et des pistolets est en fer ou en acier. La poignée des sabres, des épées et des poignards peut être en or, en argent, en cuivre ou en bois. Les *fourreaux* sont en bois, en fer, en cuivre ou en cuir.

Le *ferblantier* fait avec du *fer-blanc* et du *zinc* des boîtes, des bidons, des cafetières, des conduits, des gouttières, etc.

Atelier d'armurier.

Le *bijoutier* fait des *bijoux* avec les *métaux précieux*, l'or, l'argent, le platine. Il les embellit souvent en y mettant des pierres précieuses, des perles, du corail.

Le *tailleur* confectionne nos vêtements avec des étoffes que le *tisserand* a tissées et auxquelles le *teinturier* a donné différentes couleurs. Il se sert de ciseaux, d'aiguilles, de dés et de fil.

Cordier travaillant.

Le *cordonnier* fait avec du *cuir* que le *tanneur* a préparé, des souliers, des bottines et des bottes. Le *savetier* répare les chaussures lorsqu'elles sont déchirées.

Le *cordier* fabrique de la ficelle, de la corde et des câbles.

Le *peintre* se sert de couleurs variées pour peindre les portes, les fenêtres, les volets et les meubles.

34ᵉ LEÇON

TEXTE

Le fils repentant.

Un de mes amis me raconta le trait suivant :

« Il m'arriva un jour, dit-il, de me mettre en colère[1] contre ma mère. Je lui répondis avec arrogance[2] et je l'insultai[3] presque. Elle en fut si affligée qu'elle s'assit dans un coin et se mit à pleurer amèrement, mais elle ne me fit aucun reproche.

« Je me repentis alors de ma mauvaise action et je lui demandai pardon.

« Mon fils, me dit-elle tendrement, toi qui es « aujourd'hui si fier, si arrogant, ne te souviens-tu « pas combien je t'ai vu petit?... Qui t'a nourri de « son lait? Qui t'a porté lorsque tu ne pouvais « pas encore marcher? Qui t'a soigné lorsque tu « étais malade? Qui t'a toujours aimé et t'aimera « toujours? Ta mère, mon enfant. »

Un bon fils doit toujours aimer et respecter sa mère plus que personne au monde, car c'est elle qui a souffert pour le nourrir et pour l'élever.

EXPRESSIONS. — **Elle se mit à pleurer amèrement.** *Elle se plaignit amèrement et pleura à chaudes*

---

1. *Se mettre en colère*, synonymes : *se fâcher, s'irriter, s'emporter, se courroucer. Colère*, synonymes : *irritation, emportement, courroux.*

2. Les mots *arrogance, fierté, dédain, insolence, morgue*, sont des synonymes, mais ne peuvent pas s'employer l'un pour l'autre.

3. *Insulter*, synonymes : *injurier, dire des sottises. Injure, insulte, sottise*, sont des mots synonymes.

larmes. Elle versa un torrent de larmes. — **Un fils doit aimer sa mère.** *On doit obéir à ses supérieurs. Nous devons faire l'aumône aux pauvres. Cher maître, je n'oublierai jamais que je vous dois beaucoup. C'est à vous que je dois de connaître la langue française. Je dois aller me promener avec lui demain. Votre frère devait partir hier en voyage. L'homme doit mourir. Je dois dix francs à cet épicier. Que vous dois-je? Vous ne me devez rien.*

GRAMMAIRE

SUBJONCTIF[1]

Il faut que tu travailles.

Je veux que tu saches tes leçons.

Je te punis pour que tu obéisses une autre fois.

Prévenez-le afin qu'il puisse venir.

Soignez ce malade jusqu'à ce qu'il soit guéri.

Après certaines expressions telles que : **il faut que...,** *je veux que...,* **pour que..., afin que..., jusqu'à ce que...,** *le verbe doit se mettre au* **subjonctif.**

Si le verbe qui amène le **subjonctif** *est au passé ou au conditionnel, on doit employer l'***imparfait** *ou un* **passé du subjonctif.**

Il fallait qu'il travaillât et je l'aurais récompensé.

Il faudrait qu'il travaillât pour être récompensé.

Il récompensait son fils, afin qu'il travaillât bien.

---

1. Le maître fera apprendre la conjugaison du subjonctif ainsi que la conjugaison complète des verbes à l'aide des modèles donnés à la fin de l'ouvrage. Ne pas trop insister sur l'emploi de l'imparfait du subjonctif.

Dictée.

Le choix d'un supplice.

Un roi avait un favori qu'il aimait beaucoup. Un jour ce favori commit un si grand crime que le souverain fut obligé de le condamner à la peine capitale. Il eut beau supplier le monarque de lui accorder sa grâce ; celui-ci resta inflexible et ne se laissa attendrir ni par les prières du coupable ni par ses larmes. Cependant, saisi de pitié à la vue du désespoir de son ancien favori, il lui permit de choisir le genre de mort qu'il préférerait. « Veux-tu périr de la main du bourreau ? Veux-tu être pendu ? Désires-tu être empoisonné ? Veux-tu mourir noyé ? Parle ; ta volonté sera faite ; mais il faut que tu meures, car ton crime est impardonnable. » — « Sire, répondit alors le condamné, puisque vous avez la bonté de m'accorder le droit de choisir mon genre de mort, je demande à mourir de vieillesse. » Le roi avait donné sa parole ; il ne voulut pas y manquer et il fit mettre en liberté son favori, qui mourut en effet de vieillesse, après avoir cherché à faire oublier, par ses bonnes œuvres et sa conduite, le souvenir de son crime.

Proverbe. — **Plus on est élevé, plus on court de dangers.**

EXERCICE DE LECTURE

La sonnette.

Un Arabe, nommé Bahloul, était monté sur un âne et conduisait une chèvre au marché pour la vendre. La chèvre avait une sonnette au cou, et elle était attachée à l'âne qu'elle suivait en faisant tinter sa sonnette. Notre Bahloul s'en allait au petit pas de son âne, en chantonnant un air de sa tribu. Deux voleurs, qui le virent de loin, résolurent de lui prendre sa chèvre et son âne. L'un d'eux vint tout doucement derrière Bahloul, détacha la sonnette du cou de la chèvre, l'attacha à la queue de l'âne, et emmena l'animal. Bahloul, entendant toujours la sonnette, croyait que sa chèvre le suivait, et il ne se retourna pas. Lorsque le premier voleur eut disparu avec la chèvre, le second aborda Bahloul et lui demanda pourquoi il avait attaché une sonnette à la queue de son baudet. Bahloul tourna alors la tête, et, ne voyant plus sa chèvre, il s'écria : « Ma chèvre! on m'a volé ma chèvre! » — « C'est sans doute la vôtre que je viens de voir, lui dit alors le voleur ; un homme la traînait derrière lui. Vous pouvez encore le rattraper ; il vient d'entrer dans ces broussailles ; courez vite et vous l'aurez bientôt atteint. » Et il lui montra la direction opposée à celle qu'avait prise son camarade. Bahloul descendit aussitôt de son âne et pria l'inconnu de le tenir, pendant qu'il courrait après sa chèvre. Mais il eut beau fouiller toutes les broussailles, il ne trouva rien, et, lorsqu'il revint à l'endroit où il avait laissé sa monture, celle-ci avait disparu, ainsi que l'homme auquel il l'avait confiée.

Il ne faut jamais, mes chers enfants, employer votre intelligence à faire le mal.

35ᵉ LEÇON

GRAMMAIRE

PARTICIPES

Il y a deux espèces de mots qu'on appelle *participes* et qui sont tirés du verbe.

L'un de ces participes est toujours terminé par **ant**. Il indique un sens actif. Il est *invariable*. Il s'appelle ***participe présent***. Ex. :

Première conjugaison : ***portant***, c'est-à-dire *qui porte* ou *qui portent*.

Deuxième conjugaison : ***finissant***, c'est-à-dire *qui finit*, etc.

Troisième conjugaison : ***apercevant***, c'est-à-dire *qui aperçoit*.

Quatrième conjugaison : ***rompant***, c'est-à-dire *qui rompt*.

Il est utile de connaître le ***participe présent*** d'un verbe.

L'autre participe s'appelle ***participe passé***. Il exprime un état, une chose faite ou subie par le mot auquel il se rapporte. Il a les terminaisons suivantes :

Pour la première conjugaison **é**. — Ex. : ***porté*** et, pour les autres conjugaisons,

i, u, s, t. — Ex. :

PARTICIPE PASSÉ	INFINITIF
fini	*finir*
offert	*offrir*
couru	*courir*
mort	*mourir*
ouvert	*ouvrir*
aperçu	*apercevoir*
dû	*devoir*
voulu	*vouloir*
pu	*pouvoir*
rompu	*rompre*
rendu	*rendre*
pris	*prendre*
dit	*dire*
ri	*rire*
fait	*faire*

Lorsque le **participe passé** est employé seul, il s'accorde, comme un véritable adjectif qualificatif, en genre et en nombre avec le mot auquel il se rapporte. Ex. :

J'ai vu les drapeaux **portés** *par les soldats.*

J'ai vu votre porte **ouverte.**

Le verbe **être**, suivi d'un participe passé, forme la conjugaison du verbe **passif**[1].

Le participe passé s'accorde alors avec le sujet. Ex. :

Cet homme est *étonné.*

Cette femme est *étonnée.*

Ces hommes sont *étonnés.*

Exercices.

1° L'élève écrira vingt verbes au participe présent en mettant en face l'infinitif.

2° L'élève écrira vingt verbes au participe passé en mettant en face l'infinitif.

3° L'élève formera avec les participes passés qui suivent : 1° cinq phrases dans lesquelles le participe restera au masculin singulier; 2° cinq phrases dans lesquelles le participe devra être employé au féminin singulier; 3° cinq phrases dans lesquelles le participe devra être employé au masculin pluriel; 4° cinq phrases dans lesquelles le participe sera employé au féminin pluriel.

1° Sorti — fini — interrogé — demandé — tué.

2° Puni — nettoyé — emprisonné — battu — pris.

3° Coupé — occupé — chassé — trahi — récompensé.

4° Vendu — reçu — planté — averti — tendu.

1. Faire conjuguer aux élèves des verbes passifs de vive voix (voir le modèle de la conjugaison d'un verbe passif à la fin de l'ouvrage. Inutile de faire conjuguer ces verbes par écrit.

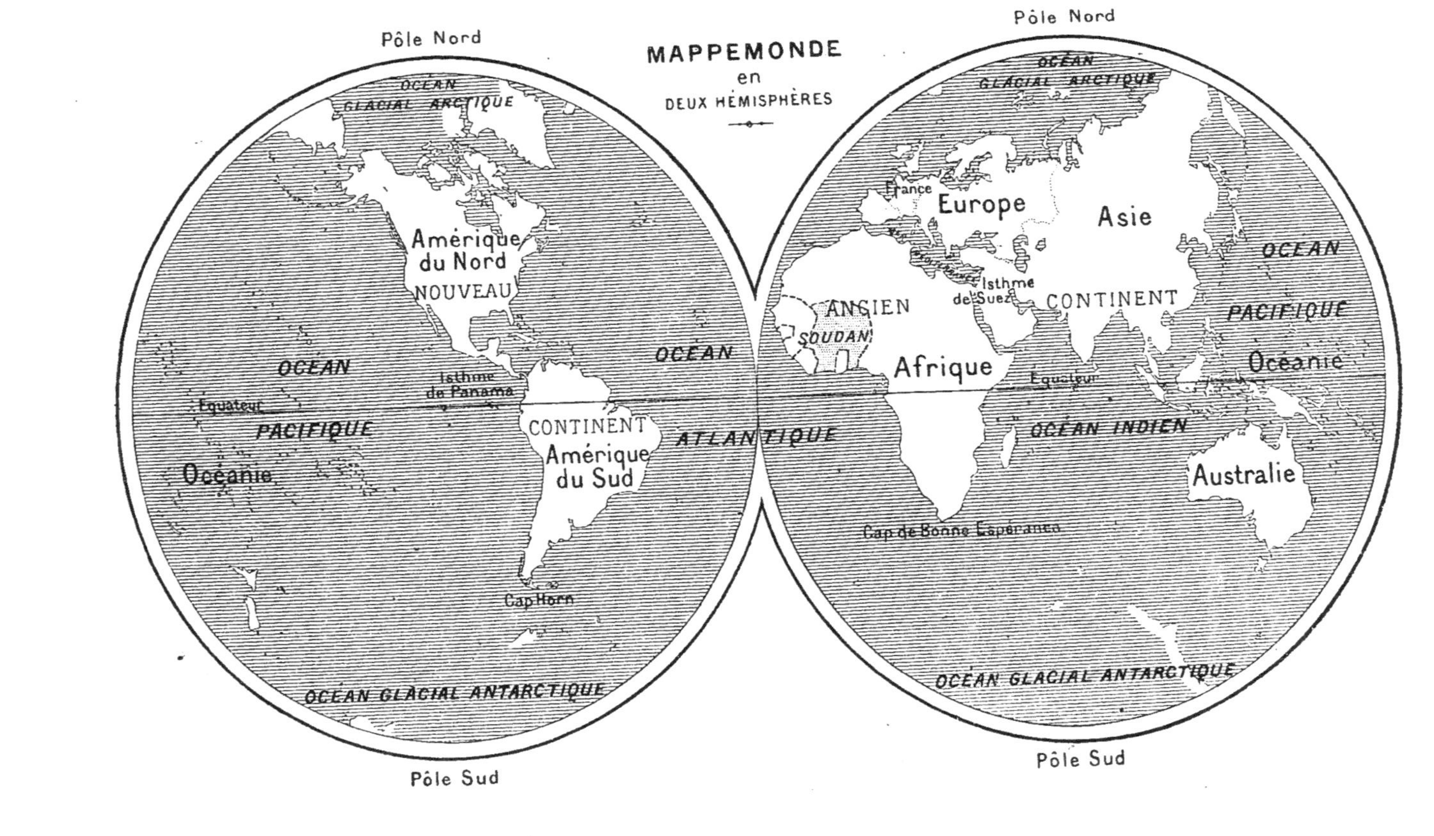

MAPPEMONDE
en
DEUX HÉMISPHÈRES
Pôle Nord
Pôle Nord
OCÉAN GLACIAL ARCTIQUE
OCÉAN GLACIAL ARCTIQUE
Amérique du Nord
NOUVEAU
France
Europe
Asie
OCÉAN
OCÉAN
OCÉAN
ANCIEN
SOUDAN
Isthme de Suez
CONTINENT
PACIFIQUE
Isthme de Panama
Afrique
Équateur
Océanie
Équateur
PACIFIQUE
CONTINENT
ATLANTIQUE
OCÉAN INDIEN
Océanie
Amérique du Sud
Australie
Cap de Bonne Espérance
Cap Horn
OCÉAN GLACIAL ANTARCTIQUE
OCÉAN GLACIAL ANTARCTIQUE
Pôle Sud
Pôle Sud

Géographie.

Nous savons que la terre a la forme d'une boule ou *globe*.

Nous savons aussi qu'il y a trois fois moins de terre que d'eau.

Une grande étendue de terre, renfermant de nombreux pays, forme un *continent*.

La terre est divisée en deux continents : *l'ancien continent* et le *nouveau continent*.

L'*ancien continent* est ainsi appelé parce qu'il est connu depuis un grand nombre de siècles.

Le *nouveau continent* porte ce nom, parce qu'il n'est connu que depuis quatre siècles seulement. Il a été découvert par *Christophe Colomb*.

L'ancien continent comprend trois grandes parties : l'Europe au nord-ouest, l'Asie à l'est, l'Afrique au sud. Le nouveau continent comprend l'*Amérique du Nord* et l'*Amérique du Sud*.

Entre l'Asie et l'Amérique se trouve un grand nombre d'îles, grandes et petites, qui forment une autre partie du monde qu'on appelle *Océanie*.

Les continents sont entourés de mers qui portent des noms divers.

Entre l'Europe, l'Afrique et l'Amérique se trouve l'*océan Atlantique*.

Entre l'Amérique et l'Asie se trouve le *grand Océan* ou *océan Pacifique*.

Au sud de l'Asie se trouve l'*océan Indien*.

Au *nord* et au *sud* du globe, l'eau de la mer est recouverte de *glace*. Aussi a-t-on appelé l'océan qui se trouve au nord, *océan glacial Arctique*, et celui qui se trouve au sud, *océan glacial Antarctique*.

Dictée.

Le pain.

Avec quoi a été fait ce beau pain blanc que vous mangez avec tant d'appétit? Avec du blé, me répondrez-vous. Cela est vrai, mais voyons un peu comment ce blé est devenu du pain. La terre dans laquelle le grain de blé doit être déposé, a été remuée par le laboureur avec la charrue; puis elle a été hersée. Le blé a ensuite germé, il a poussé en herbe. Puis l'épi s'est formé. Lorsque les épis ont été mûrs, les moissonneurs sont venus les couper avec des faucilles. On a ensuite dépiqué les blés pour faire sortir les grains des épis. Ces grains de blé ont été portés dans des sacs au moulin où ils ont été moulus, c'est-à-dire écrasés sous de grosses pierres, appelées meules, pour être réduits en farine. Avec cette farine le boulanger a fait de la pâte et c'est cette pâte qui a donné ce beau pain après avoir été cuite au four.

EXERCICE DE LECTURE

Les pêches.

Un paysan revint de la ville avec cinq pêches magnifiques et les montra à ses quatre fils qui, n'en ayant pas encore vu, admirèrent leur peau veloutée et leurs brillantes couleurs; il en donna une à chacun d'eux et la cinquième à leur mère.

Le soir, à l'heure du coucher, il leur demanda ce qu'ils en avaient fait.

— Moi, dit l'aîné, j'ai pris un grand plaisir à manger la mienne; légèrement acidulée et très douce cependant, elle était délicieuse; aussi ai-je gardé soi-

gneusement le noyau pour le planter, et, s'il plaît à
Dieu, il en sortira un arbre qui donnera beaucoup de
fruits pareils.

— Bien, dit le paysan, le présent ne te fait pas
oublier l'avenir; tu es déjà économe et prévoyant
ainsi qu'il convient à un paysan.

— Moi, dit le plus jeune, j'ai mangé ma pêche et,
de plus, la moitié que ma mère m'a donnée de la
sienne; en les sentant fondre dans ma bouche, j'ai
regretté la présence de ce noyau si dur qui avait
l'inconvénient de tenir trop de place, et je l'ai jeté.

— Tu n'es pas encore habitué à réfléchir, dit le père,
mais l'insouciance n'est pas un cas pendable à ton
âge; tu apprendras plus tard à te préoccuper du lendemain.

— J'y ai pensé, dit le second, j'ai ouvert le noyau
qu'avait jeté mon petit frère, et j'en ai retiré une
amande qui m'a paru très bonne. Quant à ma pêche,
ayant rencontré quelqu'un à qui elle faisait envie,
j'en ai profité pour la lui vendre très cher, si cher
qu'avec le prix que j'en ai reçu, je pourrais en acheter
une douzaine d'autres toutes semblables.

— Oh! dit le père, en hochant la tête, cela n'est
point conforme au caractère d'un enfant; tu es bien
jeune pour t'entendre ainsi au commerce. Dieu te
préserve d'avoir à ton âge les goûts calculateurs d'un
marchand!..... Et toi, Félix?

— Au moment de manger ma pêche, je me suis sou-
venu de Joseph, le fils de notre voisin, que la fièvre
retient au lit; je me suis dit qu'elle lui serait plus
agréable qu'à moi; je la lui ai portée, et, comme il
la refusait, je me suis enfui en la laissant sur son
oreiller. Mon père, me blâmez-vous d'avoir ainsi dis-
posé de votre cadeau?

— Donnez-moi votre avis, mes enfants, dit le

paysan : Qui a fait le meilleur usage de sa pêche?

— Notre frère, Félix, s'écrièrent les enfants.

— Bien répondu, dit le père, car, s'il est bon de songer à soi, il vaut encore mieux s'oublier pour les autres; c'est ainsi qu'on se fait aimer. »

36ᵉ LEÇON

TEXTE

Les trois brigands.

Un marchand [1] qui voyageait seul, avait sur lui une forte somme d'argent. Il fut attaqué par trois brigands qui l'assassinèrent et prirent son argent.

Ils envoyèrent ensuite le plus jeune d'entre eux à la ville pour acheter des provisions.

Quand il fut parti, les deux autres se dirent : « Pourquoi partagerions-nous ce trésor avec lui? tuons-le quand il reviendra; de cette façon [2] notre part [3] sera plus grosse. » De son côté, le jeune voleur se disait en allant à la ville : « Je voudrais bien avoir la somme entière pour moi tout seul! Mais rien n'est plus facile! J'empoisonnerai mes deux compagnons et tout l'argent m'appartiendra. »

Arrivé à la ville, il acheta des provisions, y mit du poison et revint vers ses camarades.

1. *Un marchand,* synonymes : *un commerçant, un négociant.*
2. *De cette façon, de cette manière, par ce moyen, par ce procédé.*
3. *Part, portion, partie. J'ai eu ma part du gâteau. Il a partagé le gâteau en trois parties égales. Cet homme, avant de mourir, a partagé son bien par portions égales.*

Ceux-ci s'étaient embusqués derrière des broussailles. Dès qu'il fut près d'eux, il se jetèrent sur lui et le tuèrent. Ils prirent ensuite les vivres et se mirent à manger ; mais, au bout d'un instant, ils sentirent des douleurs atroces dans l'estomac et ne tardèrent pas à expirer[1]. On trouva les trois cadavres à côté du trésor du marchand.

Proverbe. — **Bien mal[2] acquis ne profite jamais.**

EXPRESSIONS. — **Au bout d'un instant.** *Au bout d'un mois, au bout d'une semaine. Attachez la corde au bout du bâton. Qu'avez-vous au bout du nez? Je sais cela sur le bout des doigts. Vous mangez du bout des lèvres. Il est allé au bout du monde. Vous n'êtes pas au bout de vos peines. D'un bout à l'autre de la ville on se moque de lui. Les voleurs ont tiré sur le voyageur à bout portant. J'ai le mot sur le bout des lèvres, sur le bout de la langue. Je suis venu à bout de le convaincre. Ce n'est pas sans peine qu'il est arrivé à bout de ce travail. Vous m'avez poussé à bout : vous vous en repentirez. Mettez ces deux bâtons bout à bout.*

GRAMMAIRE

ADJECTIFS ET PRONOMS POSSESSIFS

Les adjectifs et les pronoms **possessifs** *marquent la* **possession**.

---

1. *Expirer, mourir, décéder, trépasser.* La *mort,* le *décès,* le *trépas.*

2. *Mal* a pour homonymes *malle* et *mâle.* Le *mal* est le contraire du bien. *Une malle* est une sorte de caisse dans laquelle on met des effets et du linge. Le *mâle* est l'animal qui est du sexe masculin. Le mâle de la vache est le taureau ; le mâle de la jument est le cheval ; celui de la brebis est le bélier.

Les adjectifs possessifs sont :

	SINGULIER		PLURIEL
Masculin.	*Féminin.*		*Pour les deux genres.*
mon	ma		mes
ton	ta		tes
son	sa		ses
notre	notre		nos
votre	votre		vos
leur	leur		leurs

Lorsque le nom est du genre **féminin** *et qu'il commence par une* **voyelle** *ou un* **h muet,** *on emploie les mots* **mon, ton, son** *et non* **ma, ta, sa ;** *ainsi on dit :* **mon orange** *et non* **ma orange, mon habitude** *et non* **ma habitude.**

Les pronoms possessifs sont :

SINGULIER		PLURIEL	
Masculin.	*Féminin.*	*Masculin.*	*Féminin.*
le mien	la mienne	les miens	les miennes
le tien	la tienne	les tiens	les tiennes
le sien	la sienne	les siens	les siennes
le nôtre	la nôtre	les nôtres	les nôtres
le vôtre	la vôtre	les vôtres	les vôtres
le leur	la leur	les leurs	les leurs

Ainsi au lieu de dire : **voici mon cheval, voici ton cheval et voici son cheval ;** *on dira :* **voici mon cheval, voici le tien et voici le sien.**

L'adjectif possessif **précède** *toujours un nom ; le pronom possessif n'accompagne jamais un nom.*

Géographie.

PRINCIPAUX PAYS DU GLOBE

. Les pays les plus importants du globe, en dehors de l'Europe, sont :

En Asie.

Au nord : la *Sibérie.*

A l'ouest : la *Turquie d'Asie;* villes principales, *Smyrne, Damas, Bagdad* et *Jérusalem.*

L'*Arabie;* villes remarquables, *La Mecque* et *Médine.*

La *Perse;* ville remarquable, *Téhéran.*

Au sud : l'*Hindoustan;* villes principales, *Calcutta* et *Bombay.*

A l'est : l'*empire de Chine* ou *empire chinois;* villes principales, *Pékin, Canton, Nankin* et *Chang-Haï.*

Le *Japon;* villes principales, *Tokio* et *Yokohama.*

L'*Indo-Chine;* villes principales, *Saïgon, Bangkok* et *Hanoï.*

En Océanie.

La grande île de l'*Australie;* villes principales, *Melbourne* et *Sydney.*

En Afrique.

Au nord : le *Maroc;* villes principales, *Fez* et *Maroc.*

L'*Algérie;* ville principale, *Alger.*

La *Tunisie;* ville principale, *Tunis.*

La *Tripolitaine;* ville principale, *Tripoli.*

L'*Égypte;* villes principales, *Le Caire* et *Alexandrie.*

A l'est : l'*Abyssinie;* ville principale, *Gondar.*

Au sud : l'île de *Madagascar;* ville principale, *Tananarive.*

En Amérique.

Au nord : le *Canada;* villes principales, *Ottawa* et *Montréal.*

Les *États-Unis du Nord;* villes principales, *New-York, Washington,* la *Nouvelle-Orléans, San Francisco, Chicago.*

Le *Mexique;* ville principale, *Mexico.*

Dictée.

L'avare et le convive.

Un homme d'une très grande avarice était un jour assis près de la fenêtre de sa chambre, en train de manger du pain et du miel. Tout à coup, il aperçoit un étranger qui vient frapper à sa porte en demandant l'hospitalité. Vite, notre avare cache le pain, mais il laisse le pot qui renfermait le miel, persuadé que l'étranger ne mangerait pas le miel sans pain. « Salut, mon frère, dit en entrant le nouveau venu. Je suis un pauvre voyageur exténué de fatigue et mort de faim ; je vous serais reconnaissant de me donner quelque chose à manger. » — « Mon ami, répond l'avare, je serais heureux de pouvoir vous être agréable, malheureusement je suis dénué de toutes ressources et je n'ai que ce peu de miel à vous offrir. Pouvez-vous le manger sans pain? » — « Oui bien, » répondit l'étranger qui avait compris l'avarice de son hôte ; et, sans plus attendre, il prit le pot et se mit à avaler le miel. « Frère, dit l'avare, méfiez-vous, le miel fait mal au cœur. » — « Vous avez raison, répondit le convive, mais il ne fait mal qu'au vôtre. » Il voulait dire par ces mots que l'avare regrettait de voir disparaître son miel.

EXERCICE DE LECTURE

Le loup et le chien.

(Dialogue entre un loup et un chien dans une forêt.)

Le loup. — Bonjour, monsieur le dogue. Par quel hasard êtes-vous dans notre forêt? Il est rare que nous ayons le plaisir de vous voir parmi nous.

Le chien. — Je suis sorti ce matin avec mon maître qui a voulu aller se promener. En courant devant lui, j'ai perdu ses traces, et n'ayant pu le retrouver, je retourne à la ferme. Voulez-vous venir avec moi ?

Le loup. — Volontiers, surtout si je puis espérer qu'on me recevra bien et qu'on me donnera suffisamment à manger pour acquérir un embonpoint aussi beau que le vôtre. Que vous êtes gros et gras ! monsieur le dogue. Combien j'envie votre sort !....

Bonjour, monsieur le chien.

Le chien. — Il ne tient qu'à vous d'être aussi gras que moi, mon ami.

Le loup. — Vraiment ! et que faut-il donc faire ?

Le chien. — Pas grand'chose, croyez-moi : empêcher les voleurs d'approcher de la ferme, chasser les mendiants. dormir à la porte de l'habitation,

Il faut chasser les mendiants.

aboyer quelquefois pour effrayer les passants, et caresser souvent nos maîtres.

Le loup. — Et en échange de tout cela, que me donnera-t-on ?

Le chien. — Toutes sortes de bonnes choses : des os de moutons, de poulets ou de pigeons ; des restants de viande, des morceaux de pain ou de gâteau, du sucre et d'autres friandises encore.

Le loup. — Vraiment, tout cela me paraît alléchant! Et vous croyez que vos maîtres me recevront avec plaisir?

Le chien. — Et pourquoi pas? Vous pouvez leur rendre des services.

Le loup. — Eh bien! je vous suis, heureux de devenir votre compagnon et votre ami!..... Mais, dites-moi, quelle est donc cette marque que je vois à votre cou?

Le chien. — Vous voyez une marque à mon cou?

Le loup. — Oui, là, au-dessous de votre tête. Votre poil semble en partie usé!

Le chien. — Oh! ce n'est rien, ce n'est rien.

Le loup. — Cependant ce n'est pas naturel et je vous serais reconnaissant de me dire d'où vient cette marque.

On vous donnera des os de moutons, de poulets, etc.

Quelle est donc cette marque que je vois à votre cou?

Le chien. — Cette marque provient de mon collier.

Le loup. — Qu'est-ce qu'un collier, je vous prie?

Le chien. — C'est un cercle de cuir que l'on met à notre cou.

Le loup. — Et pourquoi faire ce cercle de cuir, s'il vous plaît?

Le chien. — Mon Dieu! pour nous attacher de temps en temps.

Le loup. — Pour vous attacher! mais alors vous n'êtes pas libres d'aller où bon vous semble?

Le chien. — Pas toujours, je l'avoue, mais qu'importe?

Le loup. — Il importe énormément, mon cher monsieur le dogue, car il n'y a rien de plus précieux que la liberté. Aussi, devrais-je recevoir dix fois plus de bienfaits que vous ne m'en avez promis, que je n'irais pas avec vous. J'aime bien mieux vivre malheureux au milieu de ma forêt et rester libre, que d'aller vivre en esclave au sein de votre abondance. Adieu.

Le loup aime mieux être libre que bien nourri.

Proverbe. — **La faim chasse le loup du bois.**

37ᵉ LEÇON

GRAMMAIRE

CONJUGAISON

Verbe **écrire**. *Présent :* J'écris, tu écris, il écrit, nous écrivons, vous écrivez, ils écrivent. *Imparfait :* J'écrivais, etc. *Passé défini :* J'écrivis, etc. *Futur :* J'écrirai, etc. *Impératif :* Écris, écrivons, écrivez. *Subjonctif présent :* Que j'écrive, etc. *Imparfait :* Que j'écrivisse, que tu écrivisses, qu'il écrivît, que nous écrivissions, que vous écrivissiez, qu'ils écrivissent. — *Participe présent :* Écrivant. *Participe passé :* Écrit.

Verbe **lire**. *Présent :* Je lis, tu lis, il lit, nous lisons, vous lisez, ils lisent. *Imparfait :* Je lisais, etc. *Passé défini :* Je lus, tu lus, il lut, nous lûmes, vous lûtes, ils lurent. *Futur :* Je lirai, etc. *Impératif :* Lis, lisons, lisez. *Subjonctif présent* : Que je lise, etc. *Imparfait* : Que je lusse, que tu lusses, qu'il lût, que nous lussions, que vous lussiez, qu'ils lussent. — *Participe présent* : Lisant. *Participe passé* : Lu.

Géographie.

LES CONTRÉES DE L'EUROPE

L'*Europe* est la plus petite des parties du monde, mais c'est la plus importante parce qu'elle est la *plus peuplée* et la *plus civilisée.*

Il y a en Europe 360 millions d'habitants.

L'Europe est divisée en vingt états, c'est-à-dire en vingt pays dépendant chacun d'un gouvernement particulier.

La ville où se trouve le siège du gouvernement s'appelle la *capitale* de ce pays.

Les États de l'Europe sont :

Au nord :

Les îles *Britanniques* ou *Angleterre*, capitale *Londres ;* le *Danemark*, capitale *Copenhague ;* la *Suède*, capitale *Stockholm ;* la *Norvège*, capitale *Christiania.*

A l'est se trouve le grand et puissant empire de *Russie*, capitale *Saint-Pétersbourg.*

Au centre de l'Europe, se trouvent :

La *France*, capitale *Paris.*

La *Belgique*, capitale *Bruxelles.*

La *Hollande*, capitale *La Haye.*

L'*Allemagne*, capitale *Berlin.*

L'*Autriche-Hongrie*, capitales *Vienne* et *Pest.*

La *Suisse*, capitale *Berne.*

Au sud de l'Europe se trouvent :

Le *Portugal*, capitale *Lisbonne.*

L'*Espagne*, capitale *Madrid.*

L'*Italie*, capitale *Rome.*

La *Turquie*, capitale *Constantinople.*

La *Roumanie*, capitale *Bucharest.*

OCÉAN ATLANTIQUE
Reykiavik
Islande (D.)
Mt Hecla
Is Feröer (D.)
Is Lofoden (N.)
Tromsö
Mts Kiölen
NORVÈGE
SUÈDE
Christiania
Stockholm
Trondhjem (Drontheim)
Is Shetland (A.)
Is Orcades (A.)
Is Hébrides (A.)
ÉCOSSE
M. Grampians
Glasgow
Édimbourg
MER DU NORD
Christiansund
Göteborg
Belfast
IRLANDE
ILES BRITANNIQUES
Dublin
Liverpool
Manchester
Jutland
DANEMARK
Copenhague
Cork
Birmingham
ANGLETERRE
Londres
Southampton
Amsterdam
Hambourg
Dantzig
PRUSS.
Brême
HOLLANDE
ALLEMAGNE
Berlin
Plymouth
Lille
Cologne
Bruxelles
Leipzig
Dresde
Varsovie
BELGIQUE
Breslau
POLOGNE
Brest
le Havre
Francfort
SAXE
Paris
Strasbourg
Prague
VOLGA
Seine
Metz
BAVIÈRE
BOHÊME
Nantes
Loire f
Orléans
Vosges
Danube f
Vienne
FRANCE
Lyon
Jura
Berne
Munich
Linz
St Etienne
SUISSE
AUTRICHE
Buda-Pest
HONGRIE
Bordeaux
Garonne
Alpes
Milan
Trieste
Pyrénées
Cévennes
Venise
Turin
BOSNIE
Bayonne
Rhône
Apennins
Belgrade
SERVIE
Toulouse
Gênes
Marseille
Florence
MONTÉNÉGRO
PORTUGAL
Douro f
Valladolid
Saragosse
Barcelone
Corse
Rome
ITALIE
ALBANIE
Porto
Lisbonne
Tage f
Madrid
Valence
Sardaigne
Naples
Vésuve
Brindisi
Guadiana f
ESPAGNE
Iles Baléares
M. TYRRHÉNIENNE
Séville
Guadalquivir
Sie Nevada
Bouches de Bonifacio
Palerme
MER IONIENNE
Cadix
Malaga
Carthagène
Dt de Gibraltar
M. Etna
Ceuta (E.)
Melilla (E.)
Oran
Alger
Bône
Tunis
B. Malte (A.)
Fez
MAROC
ALGÉRIE (F.)
Laghouat
Biskra
TUNISIE (F.)
Aïn Sefra
AFRIQUE
Gabès
MER MÉDITERRANÉE
SAHARA

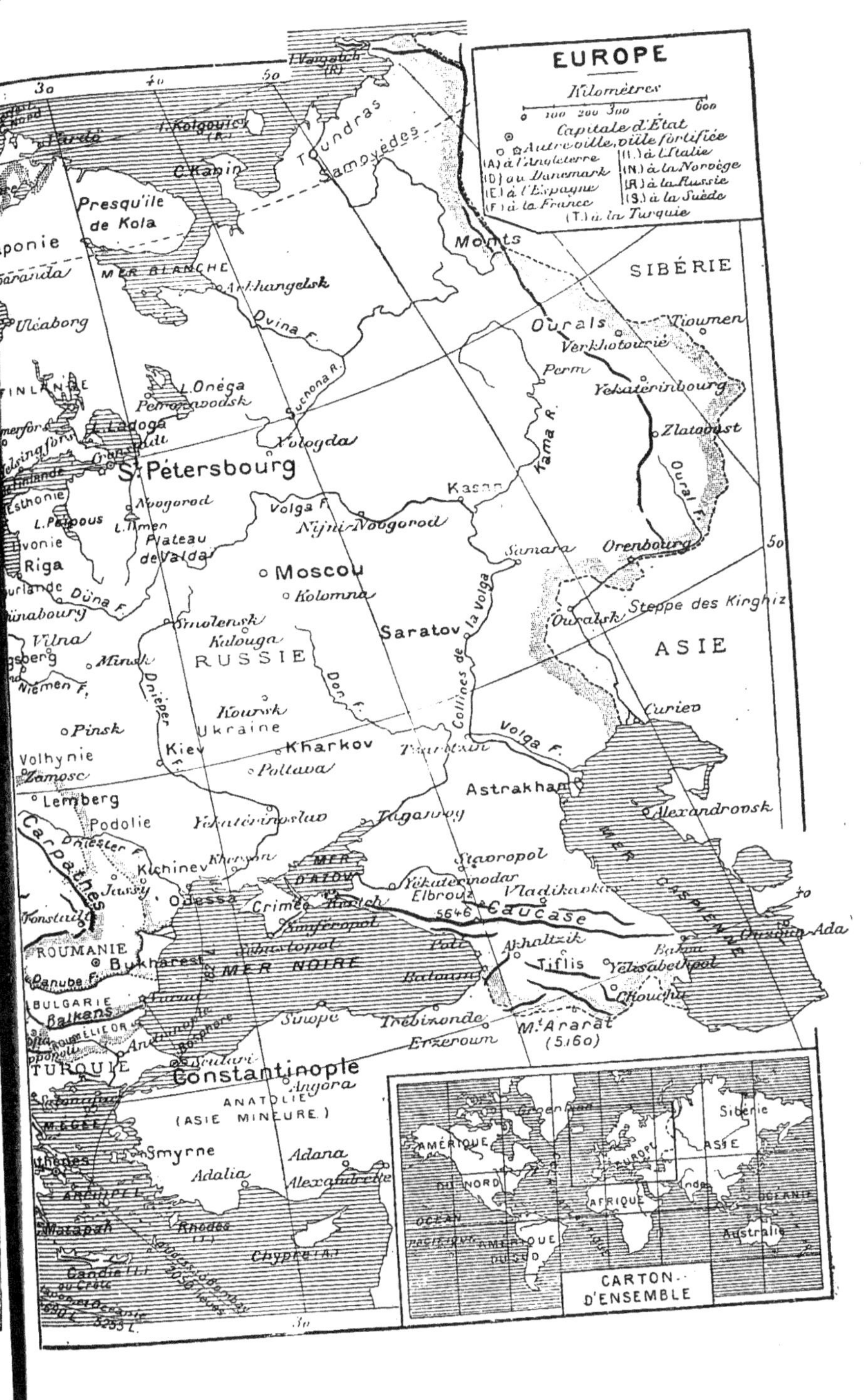

EUROPE
Kilomètres
100 200 300   600
Capitale d'État
Autre ville, ville fortifiée
(A) à l'Angleterre   (I.) à l'Italie
(D) au Danemark   (N.) à la Norvège
(E.) à l'Espagne   (R.) à la Russie
(F.) à la France   (S.) à la Suède
(T.) à la Turquie
SIBÉRIE
Monts Ourals
Tioumen
Verkhotourie
Perm
Yekaterinbourg
Zlatooust
Oural F.
Kasan
Samara   Orenbourg
Steppe des Kirghiz
Ouralsk
ASIE
Gurieo
Volga F.
MER CASPIENNE
Tsaritzin
Astrakhan
Alexandrovsk
Ouspin-Ada
Bakou
Elisabethpol
Staoropol
Vladikavkaz
Yekaterinodar
Elbrouz   Caucase
5646
Poti
Akhaltzik
Tiflis
Choucha
Batoum
M.t Ararat
(5160)
Trébizonde
Erzeroum
T. Vaïgatch
(R)
Toundras
Samoyèdes
I. Kolgouiev
(R)
C.t Kanin
Presqu'île
de Kola
MER BLANCHE
Arkhangelsk
Dvina F.
Vardö
Laponie
Tornéa
Uleaborg
FINLANDE
L. Onéga
Petrozavodsk
Suchona R.
Vologda
L. Ladoga
Cronstadt
St Pétersbourg
Helsingfors
Finlande
Esthonie
Novgorod
Volga F.
Nijni-Novgorod
L. Peïpous
L. Ilmen
Livonie
Plateau
de Valdaï
Riga
Moscou
Kolomna
Courlande
Düna F.
Dünabourg
Smolensk
Kalouga
RUSSIE
Saratov
Collines de la Volga
Vilna
Königsberg
Minsk
Don F.
Niemen F.
Koursk
Ukraine
Pinsk
Dnieper
Volhynie
Kiev
Kharkov
Zamosc
Poltava
Lemberg
Podolie
Yekaterinoslav
Taganrog
Carpathes
Dniester
Kichinev
Kherson
MER
D'AZOV
Jassy
Odessa
Crimée
Kertch
Konstantsa
Simféropol
ROUMANIE
Bukharest
Sébastopol
MER NOIRE
Danube F.
BULGARIE
Balkans
Varna
Sinope
Roumélie
Andrinople
Bosphore
Scutari
TURQUIE
Constantinople
Angora
ANATOLIE
(ASIE MINEURE.)
Smyrne
Adana
Archipel
Adalia
Alexandrette
Matapan
Rhodes
(T.)
Candie (T.)
ou Crète
Chypre (A.)
AMÉRIQUE
DU NORD
Groenland
Sibérie
EUROPE
ASIE
Inde
AFRIQUE
OCÉAN
PACIFIQUE
AMÉRIQUE
DU SUD
Océanie
Australie
CARTON
D'ENSEMBLE

La *Serbie*, capitale *Belgrade*.
Le *Monténégro*, capitale *Cettigne*.
La *Grèce*, capitale *Athènes*.
La *Bulgarie*, capitale *Sofia*.

Dictée.

Les deux frères.

Un homme de la campagne avait eu deux fils dont les caractères étaient absolument différents. L'un était toujours content de son sort, l'autre était désireux d'arriver à la fortune et aux grandeurs. Lorsque le père mourut, l'aîné des fils (c'était celui qui était dévoré d'ambition) quitta la petite ville qu'habitaient ses parents et se rendit dans la capitale. Il parvint, grâce à ses intrigues, à s'introduire auprès du souverain auquel il sut plaire par ses flatteries. Aussi obtint-il un emploi élevé et lucratif. Son frère cadet était resté à la maison paternelle. Il avait continué à cultiver les champs qui lui venaient de ses parents. Il vivait de son travail, heureux et tranquille. Un jour, le frère aîné vint visiter son pays qu'il n'avait pas revu depuis longtemps. « Pourquoi, demanda-t-il à son frère, ne cherches-tu pas à plaire aussi au roi? Tu n'aurais pas besoin de tant travailler pour vivre. » — « Frère, répondit le cadet, pourquoi n'apprends-tu pas à travailler comme moi? Tu n'aurais pas besoin d'être esclave; tu ne courrais pas le risque d'être chassé d'un jour à l'autre ou même d'être jeté en prison. »

EXERCICE DE LECTURE

Les chemins de fer.

Autrefois il fallait plus d'un mois pour franchir les 220 lieues qui séparent Marseille de Paris; aujourd'hui, grâce au chemin de fer, 13 heures suffisent pour faire ce trajet.

Pour éviter des accidents, on construit les voies ferrées aussi horizontales que possible, sans courbes trop

Viaduc.

Train sur rails.

brusques, sans pentes trop fortes; dans ce but, on fait des ponts, des viaducs, des tranchées, des remblais; la tranchée creuse le sol; le remblai au con-

Un tunnel.

traire, l'exhausse; l'un et l'autre ont pour but de maintenir la voie ferrée au même niveau. Au lieu de tourner une montagne, il arrive souvent que la voie ferrée la traverse, au moyen de souterrains, qu'on appelle des tunnels.

Quand la voie est tracée, construite et aplanie, il faut y poser des rails. Les rails sont d'épaisses barres de fer ou d'acier fondu, de 5 à 6 mètres de longueur, posées bout à bout, sur deux rangs parallèles. Sur le sol, on étend une bonne couche de gravier, de sable et de cailloux ; on pose des traverses de bois sur cette couche qu'on appelle ballast, et on fixe les rails sur les traverses au moyen de grosses vis et de crampons.

38ᵉ LEÇON

TEXTE

Les deux Arabes et le cheval.

Un Arabe possédait un très beau cheval qu'il ne voulait vendre à aucun prix. Un Bédouin d'une autre tribu[1] nommé Ali, avait une grande envie de posséder ce cheval. Il avait offert, en échange du noble animal, ses chameaux et une partie de ses troupeaux ; mais l'Arabe n'avait jamais consenti à lui céder son coursier.

Ali, pour arriver à ses fins[2], employa la ruse[3]. Il se barbouilla la figure avec de la couleur, se couvrit de haillons[4] et alla attendre le maître du cheval dans un chemin où ce dernier devait passer.

1. *Une tribu* est la réunion d'un certain nombre d'individus qui vivent ensemble et habituellement sous des *tentes*. *Un tribut* est un impôt qu'on fait payer aux habitants d'un pays. *Ces tribus, qui se sont révoltées, ont été condamnées à payer un tribut de guerre.*

2. Le mot *fin* a plusieurs homonymes : *la* FIN *du jour, la* FIN *du livre, la* FIN *du travail. Cet homme a* FAIM ; *il est affamé ; donnez-lui à manger. La* FAIM *chasse le loup du bois. Il* FEINT *de ne pas nous entendre,* c'est-à-dire *il fait semblant de...* L'infinitif de ce verbe est *feindre.* FIN, féminin FINE, est le contraire de GROS, ÉPAIS.

3. *Ruse* a pour synonymes *artifice, astuce, adresse, finesse, fourberie.*

4. *Haillons, loques,* vêtements usés, déchirés et rapiécés.

Quand il le vit près de lui, il dit d'une voix[1] faible : « Je suis un pauvre étranger ; depuis trois jours je n'ai pas pu bouger d'ici pour aller chercher de la nourriture. Je vais mourir ; secourez-moi ! »

L'Arabe proposa aussitôt à Ali de le prendre en croupe et de le conduire chez lui ; mais le fourbe répondit : « Je ne puis pas me lever, je n'en ai pas la force. »

Alors l'Arabe, pris de pitié, descendit, approcha son cheval et aida le faux[2] mendiant à monter dessus. *(A suivre.)*

EXPRESSIONS. — **Il avait envie de posséder ce cheval.** *J'ai envie de manger. Mon frère a envie d'aller se promener. Je n'ai pas envie de travailler aujourd'hui. Je meurs d'envie d'aller à la campagne. Je n'ai pas envie de me faire gronder. J'ai envie de dormir. L'envie et la jalousie sont deux vilains défauts. Pourquoi portez-vous envie au bonheur de votre ami? Pourquoi regardes-tu d'un œil d'envie les succès de ton camarade?* — **Il l'aida à monter dessus.** *Il reste dessus ; il monte, il se tient dessus ; il se couche dessus. Au-dessus, par-dessus. Il demeure au-dessus. Il passe par-dessus. Au-dessus de... L'huile monte au-dessus de l'eau. Le ballon était au-dessus de nos têtes. Cela est au-dessus de mes forces. Par-dessus le manteau. Il m'a donné cela par-dessus le marché. Je le préfère par-dessus tout. Le contraire de dessus est* **dessous**[3].

1. *Voix*, homonymes : *voie*, chemin ; *il voit*, troisième personne du singulier, présent du verbe *voir*.

2. *Faux*, féminin *fausse*, adjectif qualicatif. Homonymes : *Faulx* ou *faux*, instrument qui sert à *faucher*. *Il faut*, du verbe *falloir*.

3. Faire faire des exercices semblables avec le mot *dessous*.

GRAMMAIRE

ADJECTIFS ET PRONOMS CONJONCTIFS

Les adjectifs **conjonctifs** *sont :*
Pour le masculin singulier : **quel, lequel;** *pour le pluriel :* **quels; lesquels;** *pour le féminin singulier :* **quelle, laquelle;** *pour le pluriel :* **quelles, lesquelles.**

Les pronoms **conjonctifs** *ou* **relatifs** *sont :*

qui . . . .
que. . . . } *qui s'emploient pour le masculin, le fémi-*
quoi . . . } *nin, le singulier et le pluriel.*
dont. . . .

	MASCULIN	FÉMININ
Singulier.	*lequel* *duquel* *auquel* *par lequel, etc.*	*laquelle* *de laquelle* *à laquelle* *par laquelle, etc.*
Pluriel.	*lesquels* *desquels* *auxquels* *par lesquels, etc.*	*lesquelles* *desquelles* *auxquelles* *par lesquelles, etc.*

CONJUGAISON

Verbe **rire.** *Présent :* Je ris, tu ris, il rit, nous rions, vous riez, ils rient. *Imparfait :* Je riais, etc. *Passé défini :* Je ris, tu ris, il rit, nous rîmes, vous rîtes, ils rirent. *Passé indéfini :* J'ai ri, etc. *Futur :* Je rirai, etc. *Impératif :* Ris, rions, riez. *Subjonctif présent :* Que je rie, que tu ries, qu'il rie, que nous riions, que vous riiez, qu'ils rient. *Imparfait :* Que je risse, etc. *Participe présent :* Riant. *Participe passé :* Ri.

Verbe **mettre**. *Présent :* Je mets, tu mets, il met, nous mettons, vous mettez, ils mettent. *Imparfait :* Je mettais, etc. *Passé défini :* Je mis, tu mis, il mit, nous mîmes, vous mîtes, ils mirent. *Passé indéfini :* J'ai mis, etc. *Futur :* Je mettrai, etc. *Impératif :* mets, mettons, mettez. *Subjonctif présent :* Que je mette, etc. *Imparfait :* Que je misse, que tu misses, etc. *Participe présent :* Mettant. *Participe passé :* Mis.

Verbe **faire**. *Présent :* Je fais, tu fais, il fait, nous faisons, vous faites, ils font. *Imparfait :* Je faisais, tu faisais, etc. *Passé défini :* Je fis, tu fis, il fit, nous fîmes, vous fîtes, ils firent. *Passé indéfini :* J'ai fait, etc. *Futur :* Je ferai, tu feras, etc. *Impératif :* Fais, faisons, faites. *Subjonctif présent :* Que je fasse, etc. *Imparfait :* Que je fisse, que tu fisses, qu'il fît, etc. *Participe présent :* Faisant. *Participe passé :* Fait.

Géographie.

LA FRANCE (LIMITES)

La France est le plus beau pays de l'Europe. Il est aussi le mieux situé.

La France est limitée :

Au nord :

1° Par la *Belgique;* 2° par la *mer du Nord*, ce qui lui permet de faire le commerce par eau avec les pays du nord; 3° par le détroit du *Pas de Calais* qui la sépare de l'*Angleterre;* 4° par la mer appelée la *Manche* qui la met en communication avec les *Iles Britanniques.*

A l'ouest :

Par l'*océan Atlantique*, qui la met en communication avec tous les pays en dehors de l'Europe et principalement avec ceux de l'*Afrique* et de l'*Amérique*.

Au sud :

Par les *Pyrénées*, qui la séparent de l'*Espagne*, et par la *mer Méditerranée* qui lui permet de faire le

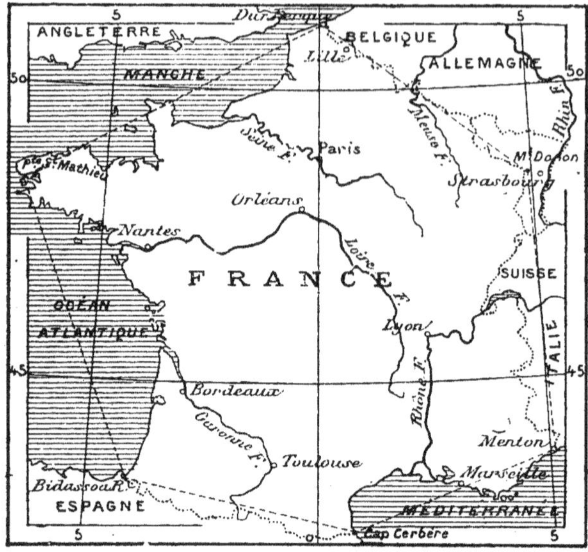

France (limites).

commerce avec tous les pays baignés par cette mer.

A l'est :

Par les *Alpes*, qui la séparent de *l'Italie;* par la *Suisse* et par l'*Allemagne*.

Exercice.

L'élève copiera les phrases suivantes et remplacera les points par un adjectif ou un pronom conjonctif.

J'ai rencontré hier matin votre père ... m'a invité à déjeuner avec lui. Voici l'homme ... m'a vendu le fusil avec ... j'ai tué les hyènes ... dévastaient votre troupeau. Quelle est la maison ... vous avez achetée? Quelle est la chambre dans ... vous logez? Le roi ... vous avez adressé une demande vous a répondu favorablement. Les livres ... vous avez lus sont intéressants. Les élèves ... nous avons récompensés sont studieux ; ceux ... nous avons punis sont paresseux. Je me sers, pour faire ce travail, des outils ... vous avez vus sur ma table. Les outils ... vous vous servez sont mauvais. Les outils avec ... j'ai fait ce travail sont excellents. Quelle est la porte par ... le voleur est entré ? Voici les portes ... les serrures ont été brisées par les voleurs. Quelle est la femme ... le mari a été blessé hier en travaillant sur le mur ... s'est écroulé ? Les navires sur ... ils ont fait ce voyage sont arrivés à bon port. Le malade auprès ... j'ai passé la nuit va mieux ce matin. Ce malheureux ... vous m'avez raconté la triste histoire, est réellement digne de pitié.

EXERCICE DE LECTURE

Les chemins de fer (FIN).

C'est sur ces rails que roulent les trains. Un train se compose d'un certain nombre de wagons traînés par une locomotive. La locomotive est une machine à vapeur manœuvrée par un mécanicien et par un chauffeur. Le chauffeur jette de la houille dans le foyer de la machine ; cette houille en brûlant fait bouillir l'eau de la

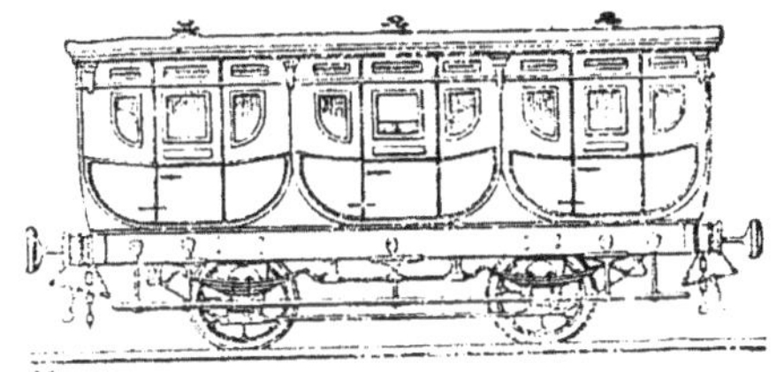

Un wagon.

chaudière et la transforme en vapeur. Cette vapeur, qui a une force énorme, fait glisser un piston dans un cylindre, et ce piston, par son mouvement de va-et-vient, fait tourner les roues de la locomotive.

Il y a des wagons de voyageurs et des wagons de marchandises. Lorsqu'on veut aller en chemin de fer,

avant d'entrer dans un wagon, on prend au guichet
de la gare un billet de 1re, de 2me ou de 3me classe
pour la localité où l'on veut se rendre. On délivre
aussi des billets d'aller et retour. Tous les quinze
kilomètres environ, il y a des stations le long de la

Locomotive.

voie. Il y a aussi des garde-barrières aux endroits
où les routes traversent la voie, pour empêcher les
accidents au moment du passage des trains. Actuellement, des trains circulent nuit et jour dans toute
l'Europe, dans l'Afrique du Nord, en Amérique, en
Asie, en Australie. Le chemin de fer est un des plus
puissants agents de la civilisation.

39e LEÇON

TEXTE

Les deux Arabes et le cheval (FIN).

Mais, dès qu'il fut en selle [1] Ali, donna un coup

1. *Selle*, sorte de siège qu'on place sur le dos du cheval, du
mulet, de l'âne, du chameau, etc., pour être commodémen

d'étrier et partit en disant : « Je suis Ali, je t'ai pris ton coursier que tu as refusé de me vendre et je l'emmène [1] dans ma tribu! »

L'Arabe le poursuivit et lui dit : « Arrête, laisse-moi te dire deux mots.

— Que veux-tu? demanda Ali.

— Tu as pris mon cheval de prédilection; c'est bien et je souhaite qu'il te porte bonheur. Mais ne dis à personne comment tu t'en es emparé?

— Et pourquoi? dit le Bédouin.

— Parce qu'un autre voyageur pourrait être réellement malade et rester sans secours. Tu serais cause que personne ne voudrait plus venir en aide à un malheureux, dans la crainte d'être dupé comme moi. »

Frappé de ce langage, Ali réfléchit un moment, puis il mit pied à terre et, embrassant l'Arabe, il ui rendit son cheval et lui demanda pardon de a mauvaise action.

Éveillons l'idée du bien dans le cœur du méchant, et, le plus souvent, il se corrigera.

EXPRESSIONS. — Il donna un coup d'étrier au cheval. *Il lui donna un coup de bâton, un coup de poing, un coup de pied, un coup d'aile, un coup de queue, un coup de tête, etc. Un coup violent, un coup*

assis. Homonymes : *sel*, servant à saler les aliments; *celle*, pronom démonstratif, féminin; *il selle*, il met la selle sur la monture; *il scelle*, il met le *sceau*, c'est-à-dire le cachet sur un écrit.

1. Il ne faut pas confondre *emmener* avec *amener*. *Il l'a emmené à la campagne*, il l'a conduit de la ville à la campagne; *il l'a amené de la campagne*, il l'a apporté, il l'a conduit de la campagne à la ville.

léger, un coup mortel. Il m'a asséné des coups de bâton. Il m'a porté un coup d'épée. Il m'a frappé à coups de canne. Il m'a roué de coups sans motif. Il m'a assommé de coups. Il est mort sur le coup. C'est moi qui lui ai donné le coup de grâce. Les soldats se sont emparés de la ville sans coup férir. Je suis sous le coup d'une accusation terrible. Je me soumets aux coups du ciel. Jouez avec moi, vous gagnerez à coup sûr. Aidez-moi; donnez-moi un coup de main. Les Arabes de cette tribu ont enlevé ce troupeau par un coup de main. Jetez un coup d'œil sur ce livre. Je l'ai reconnu du premier coup d'œil. Quel beau coup d'œil on a de cette hauteur! Un coup de tonnerre. Un coup de soleil. Je l'ai tué du premier coup. Il l'a avalé d'un seul coup. Je l'ai aperçu tout d'un coup sortant de chez vous. Il a bu trois verres de vin coup sur coup. Il gagne à chaque coup, à tous les coups. Tout d'un coup..., tout à coup..., après coup..., etc. — **Laisse-moi te dire deux mots.** J'ai un mot à te dire. Il n'a pas dit mot, il n'a pas soufflé mot. Il a su dire beaucoup de choses en peu de mots. Votre camarade a toujours le mot pour rire. Votre ami a dit un bon mot, un mot plaisant. Pourquoi avez-vous dit un gros mot? Vous parlez toujours à mots couverts, on ne peut pas vous comprendre. Il est parti sans mot dire. Connaissez-vous le fin mot de cette histoire? Je vous comprends à demi-mot. Un mot d'ordre. Qui vous a donné le mot d'ordre? Vous vous êtes tous donné le mot pour ne pas travailler.

GRAMMAIRE

CONJUGAISON

Verbe **craindre**. *Présent :* Je crains, tu crains, il craint, nous craignons, vous craignez, ils craignent. *Imparfait :* Je craignais, etc. *Passé défini :* Je craignis, tu craignis, etc. *Passé indéfini* : J'ai craint, etc. *Futur* : Je craindrai, etc. *Impératif* : Crains, craignons, craignez. *Subjonctif présent* : Que je craigne, etc. *Imparfait* : Que je craignisse, etc. *Participe présent* : Craignant. *Participe passé* : Craint.

Verbe **joindre**. *Présent* : Je joins, tu joins, il joint, nous joignons, vous joignez, ils joignent. *Imparfait* : Je joignais, etc. *Passé défini* : Je joignis, tu joignis, etc. *Passé indéfini* : J'ai joint, etc. *Futur* : Je joindrai, etc. *Impératif* : Joins, joignons, joignez. *Subjonctif présent* : Que je joigne, etc. *Imparfait* : Que je joignisse, etc. *Participe présent* : Joignant. *Participe passé* : Joint.

Géographie.

LA FRANCE (MONTAGNES, FLEUVES, RIVIÈRES)

Les principales montagnes de la France sont : au sud, les *Pyrénées*, qui la séparent de l'Espagne et où l'on trouve des pics dépassant 3 000 mètres de hauteur ; — à l'est, les *Alpes* qui la séparent de l'Italie et dont certains sommets ont plus de 4 000 mètres d'altitude ; le *Jura*, qui la sépare de la Suisse ; — les *Vosges*, entre la France et l'Alsace ; — et, dans l'intérieur de la France, les *Cévennes* et les monts d'*Auvergne* ou *Massif Central*.

Les principaux fleuves sont :

La *Somme* et la *Seine* qui se jettent dans la Manche ;

La *Loire*, la *Gironde* et l'*Adour* qui se jettent dans l'océan Atlantique ;

Le *Rhône* qui se jette dans la mer Méditerranée.

Les rivières les plus importantes sont :

L'*Aube*, l'*Yonne*, la *Marne* et l'*Oise* qui se jettent dans la Seine ;

L'*Allier*, le *Cher*, l'*Indre*, la *Vienne* et la *Maine* qui se jettent dans la Loire ;

La *Garonne* et la *Dordogne* qui forment la *Gironde*.
La *Garonne* reçoit l'*Ariège*, le *Tarn*, le *Gers* et le *Lot*.

France (Montagnes, fleuves et rivières).

La *Saône*, l'*Isère*, la *Drôme* et l'*Ardèche* se jettent dans le *Rhône*.

La *Meuse* et l'*Escaut* sont deux fleuves qui prennent leur source en France, mais qui vont se jeter dans la mer du Nord

Dictée.

L'épervier et le rossignol.

L'épervier est un oiseau de proie qui se nourrit de la chair des animaux et surtout de celle d'autres oiseaux plus faibles que lui.

Le rossignol est un petit oiseau dont le chant est des plus agréables.

Un jour, un épervier fondit sur un pauvre petit rossignol et le serra cruellement dans ses serres. L'oiseau chanteur sentit qu'il était perdu et que son ennemi allait le mettre en pièces. Il essaya toutefois de l'attendrir sur son sort : « Puissant seigneur, lui dit-il, ne me tue pas ; je suis petit et faible et je ne puis rien contre toi ; du reste, je n'ai jamais fait de mal à personne, pas plus aux autres qu'à toi. Lâche-moi, Dieu te récompensera. Laisse-moi aller soigner mes petits qui viennent d'éclore. Si tu ne m'épargnes point, qui s'occupera d'eux ? Ils mourront de faim et de froid. Donne-moi la liberté, ô roi des airs, et je te promets de venir chanter auprès de toi mes plus douces chansons pour égayer tes instants. » — « Je n'ai que faire de tes chansons, répondit l'oiseau cruel. J'ai faim et je vais te manger. » A ces mots, il déchira le corps du rossignol avec son bec et l'avala.

PROVERBE. — **Ventre affamé n'a point d'oreilles.**

EXERCICE DE LECTURE

La poste.

Autrefois, lorsqu'il n'y avait ni chemins de fer ni bateaux à vapeur, il fallait beaucoup de temps pour qu'une lettre arrivât à destination. Souvent, on était obligé d'envoyer quelqu'un exprès pour porter une lettre, et cela coûtait excessivement cher. Aujourd'hui, c'est bien plus simple ; on enferme sa lettre dans une enveloppe ; sur cette enveloppe on écrit le nom, la profession, le pays, la ville, la rue et le numéro de la maison de la personne à qui l'on écrit ; on colle sur cette enveloppe un timbre de trois ou cinq sous selon que l'on écrit dans son pays en France ou à l'étranger ; on jette sa lettre dans une boîte aux lettres et on n'a plus à s'occuper de rien. Supposons une lettre de Tunis pour Paris. Les employés du bureau de poste de Tunis la mettent dans un sac, avec toutes les correspondances à destination de France. Ce sac est transporté, par voiture et par bateau à bord du navire à vapeur qui fait le courrier entre Tunis et Marseille. Lorsque la poste est à bord, le paquebot lève l'ancre, se met en route, et franchit en moins de quarante heures les 1000 kilomètres qui séparent Tunis de Marseille. Dès que le paquebot a jeté l'ancre dans le port de Marseille, on débarque la poste, on charge les sacs dans une voiture qui attend sur le quai, et cette voiture les emporte immédiatement à la gare où on les dépose dans le wagon-poste du train en partance pour Paris. Dans ce wagon-poste, il y a des casiers, des lampes, des employés chargés de dépouiller et de classer les correspondances. La locomotive siffle, le train s'ébranle, roule à toute vapeur sur des rails et franchit en treize heures les 220 lieues qui séparent Marseille de Paris, après s'être arrêté quelques instants à chaque grande gare pour y laisser et y prendre des voyageurs et des correspondances. A l'arrivée du train à Paris, des voitures portent le courrier au bureau de poste ; des facteurs le dépouillent, rangent les correspondances par ordre, les emportent dans de petites boîtes, et vont aussitôt les distribuer aux destinataires. Et tout cela pour 15 centimes ! n'est-ce pas admirable ?

40ᵉ LEÇON

TEXTE

Les abricots.

Un fermier avait dans l'un de ses vergers de gros abricotiers[1] qui lui donnaient des fruits

Les singes mangèrent une partie des abricots.

magnifiques. Un jour, il remplit un panier d'abricots choisis et l'apporta à son propriétaire.

1. *Abricotier*. Les noms d'arbres fruitiers, c'est-à-dire qui produisent des fruits bons à manger, sont ordinairement terminés par IER OU ER. Ex. : *pommier*, arbre qui produit la *pomme; poirier*, arbre qui produit la *poire; châtaignier*, arbre qui produit la *châtaigne; oranger*, arbre qui produit l'*orange*. Ces deux terminaisons IER et ER indiquent aussi souvent des

Celui-ci habitait un superbe château [1] où il avait réuni un grand nombre d'animaux curieux. Notre paysan, en arrivant dans la cour [2], vit deux grands singes, richement habillés, qui vinrent au-devant de lui; ils lui prirent son panier et mangèrent une partie des fruits. Le paysan les laissa faire.

Quand ils furent rassasiés, le fermier reprit son panier à moitié vide, entra dans le cabinet du propriétaire et le lui remit, en disant :

« Excusez-moi, Monseigneur, si le panier n'est pas plein, mais vos fils, que j'ai eu l'honneur de rencontrer dans la cour, ont mangé une grande partie des abricots. Comme ils avaient l'air de les aimer beaucoup, je n'ai pas osé les empêcher d'en prendre. » Le châtelain, qui n'avait pas d'enfants, comprit l'erreur du paysan, et se garda bien de lui en vouloir.

noms de métiers. Le féminin est terminé par IÈRE OU ÈRE. Ex. : *fermier*, féminin *fermière; épicier*, féminin *épicière; boulanger*, féminin *boulangère*, etc.

1. *Château.* Pour savoir si un mot, terminé par le son o, doit s'écrire par EAU, cherchez si, dans les mots qui ont la même origine que lui, il y a un E muet. Ainsi je retrouve dans le mot *châtElain* un E muet après le *t;* j'écrirai donc *château* avec *eau.* Le *batElier* est celui qui conduit un *bateau;* le *chapElier* est celui qui fabrique les *chapeaux; martEler* signifie frapper avec un *marteau.* Un *coutElas* est un grand *couteau,* etc.

2. La *cour* est un espace découvert au milieu d'une construction, d'une maison. La *cour* d'un roi est la réunion des personnes qui constituent l'entourage du roi (ses officiers, ses fonctionnaires, ses courtisans, etc.). Le *cours* des événements, c'est-à-dire la suite, la succession des événements. Ce professeur fait des *cours* de géographie, c'est-à-dire enseigne la géographie. Vous portez là un habit *court,* c'est-à-dire qui n'est pas long. Le lévrier *court* vite (du verbe *courir*). Ces différents mots sont encore des homonymes.

C'était la première fois[1] que ce brave campagnard voyait des singes.

L'ignorance nous fait commettre bien des méprises.

EXPRESSIONS. — **Ils avaient l'air de les aimer beaucoup.** *Il a l'air joyeux ; il a l'air triste. Il a bon air, il a mauvais air. Il m'a parlé d'un air hautain, d'un air irrité, d'un air menaçant ; d'un air bienveillant, d'un air affectueux. Pourquoi prenez-vous cet air triste en me parlant ? Vous avez l'air d'avoir peur de lui. Je ne veux pas avoir l'air de lui donner raison. L'air est indispensable à la vie. Il fait aujourd'hui un air frais. L'air est humide dans cette vallée. On respire ici un air vicié. J'ai pris un coup d'air. Ceux qui vivent en plein air sont toujours en bonne santé. Les oiseaux s'élèvent dans les airs à l'aide de leurs ailes. L'aigle est le roi des airs. Lève la tête en l'air. Tiens la main en l'air. Il ne faut jamais dire de paroles en l'air, etc.* — **Il se garda bien de lui en vouloir.** *Je ne vous en veux pas d'avoir dit cela. Je crains que vous ne m'en vouliez d'avoir fait cela sans votre autorisation. Je t'en veux un peu de ne m'avoir pas consulté. Il n'y a pas lieu de m'en vouloir beaucoup. Je m'en veux à moi-même d'avoir laissé échapper cette magnifique occasion.*

GRAMMAIRE

MOTS INVARIABLES

Les mots **invariables** *sont :* la **préposition**, l'**adverbe**, la **conjonction** *et* l'**interjection**.

1. *Fois* a pour homonymes : *foi*, croyance ; *foie*, viscère qui se trouve à droite de l'estomac ; *Foix*, nom d'une ville de France.

PRÉPOSITIONS

Les **prépositions** *les plus fréquemment employées sont :*

à	depuis	hors	sauf
après	derrière	malgré	selon
avant	dès	par	sous
avec	devant	parmi	sur
chez	en	pendant	vers
contre	entre	pour	
dans	envers	près de	
de	hormis	sans	

Les prépositions doivent toujours être suivies d'un substantif ou d'un pronom qui en est le **complément**. *Ce complément s'appelle* **complément indirect**. *Il est toutefois préférable de dire que le substantif est le* **complément indirect** *du verbe, de l'adjectif ou du nom avec lequel il est lié par l'intermédiaire de la préposition. Dans cette phrase,* **le voleur est entré dans la chambre par la fenêtre,** *les mots* **chambre** *et* **fenêtre** *sont les compléments indirects de* **est entré**.

Quelquefois les prépositions sont composées de plusieurs mots. Elles forment alors des **locutions prépositives**. **Ex. :**

Au-devant de...	Vis-à-vis de...
A côté de...	Jusqu'à...
Au-dessus de...	A travers...
Au-dessous de...	Par-dessus, etc.

CONJUGAISON

Verbe **suivre**. *Présent :* Je suis, tu suis, il suit, nous suivons, vous suivez, ils suivent. *Imparfait :* Je suivais, etc. *Passé défini :* Je suivis, etc. *Passé indé-*

fini : J'ai suivi, etc. *Futur :* Je suivrai, etc. *Impératif :* Suis, suivons, suivez. *Subjonctif présent :* Que je suive, etc. *Imparfait :* Que je suivisse, etc. *Participe présent :* Suivant. *Participe passé :* Suivi.

Verbe **boire**. *Présent :* Je bois, tu bois, il boit, nous buvons, vous buvez, ils boivent. *Imparfait :* Je buvais, etc. *Passé défini :* Je bus, tu bus, il but, nous bûmes, vous bûtes, ils burent. *Passé indéfini :* J'ai bu, etc. *Futur :* Je boirai, etc. *Impératif :* Bois, buvons, buvez. *Subjonctif présent :* Que je boive, que tu boives, qu'il boive, que nous buvions, que vous buviez, qu'ils boivent. *Imparfait :* Que je busse, etc. *Participe présent :* Buvant. *Participe passé :* Bu.

Géographie.

VILLES IMPORTANTES DE LA FRANCE

Le territoire de la France étant très grand et le nombre de ses habitants considérable (38 millions), on a dû diviser ce territoire, pour pouvoir le bien administrer, en un certain nombre de parties formant chacune un *département*. Il y a en France 86 départements. Les noms qu'on leur a donnés ont été tirés soit de leur situation, soit des montagnes, des rivières ou des fleuves qui les traversent. Chaque département est placé sous l'autorité d'un *préfet* qui a sous ses ordres des *sous-préfets* administrant les *arrondissements*. Le pays est en outre divisé en *communes*, administrées par des *maires*. Il y a en France 36 000 communes.

Les différents pays de l'Europe forment des *empires*, des *royaumes* ou des *républiques*. La France est une république. Le chef de l'État est un *président*. Il choisit les *ministres* qui sont chargés l'un de la *justice*, un autre de la *guerre*, un autre de la *marine*, un autre de *l'instruction publique*, un autre des *finances*, etc.

La capitale de la France est *Paris*, sur la Seine. C'est la plus belle ville du monde. Elle compte 2 660 000 habitants. Elle renferme des monuments admirables, des musées d'une très grande richesse, des bibliothèques contenant des ouvrages précieux. Les habitants de Paris sont intelligents, actifs et industrieux. Ils sont d'une habileté incomparable dans la fabrication des objets d'art et de luxe. Il se fait à Paris un commerce considérable. Cette grande cité, que des milliers d'étrangers viennent visiter et admirer chaque année, est comme le cœur et l'âme de la France et le centre de la civilisation.

Les autres grandes villes de la France qui comptent plus de 100 000 habitants sont *Lille*, *Roubaix*, dans le nord, villes industrielles; *Rouen*, sur la Seine, et *le Havre*, grand port de mer à l'embouchure de ce fleuve, faisant un très grand commerce avec l'Amérique du Nord; *Reims*, *Nancy*, près de la frontière de l'Allemagne.

(*Voir la suite, page 218.*)

Exercices.

1° Expliquer aux élèves les homonymes suivants et leur faire composer de vive voix et par écrit des phrases les renfermant : Chant, champ. — Ancre, encre. — Autel, hôtel. — Bas (*substantif*), bas (*adjectif*), bat (*verbe*), bât. — Mètre, mettre, maître. — Amande, amende. — Tante, tente (*substantif*), tente (*verbe*). — Fête, faîte, faite (*participe passé féminin*). — Coin, coing. — Date, datte,

2° Chercher dix noms d'arbres fruitiers terminés par *ier* ou *er*; chercher dix noms de professions ou de métiers ayant cette terminaison. Composer vingt phrases avec ces noms.

Dictée.

Les fruits verts.

Un enfant sensé et raisonnable disait un jour à plusieurs de ses camarades qui étaient entrés dans un verger : « Les fruits que vous venez de prendre sur ces arbres ne sont pas encore mûrs. Gardez-vous bien de les manger. Vous avez là des poires, des pommes, des prunes et des pêches qui sont encore toutes vertes. Si vous ne suivez pas mon conseil, vous aurez lieu de vous en repentir, car vous serez tous malades. Je puis vous en parler savamment, car j'ai été moi-même victime de mon imprudence, et, je puis l'avouer, de ma gourmandise. J'ai mangé, une fois, un certain nombre d'abricots qui n'étaient pas encore arrivés à parfaite maturité et j'ai eu de si violentes coliques, accompagnées de vomissements, que j'ai pensé en mourir. Aussi, croyez-moi, mes chers camarades, épargnez-vous de cruelles souffrances en ne mangeant pas ces fruits encore verts. »

EXERCICE DE LECTURE.

Les trois amis.

Un homme avait trois amis; deux lui étaient très chers; le troisième, qui lui était le plus sincèrement dévoué, lui inspirait une moins vive affection.

Un jour, cet homme avait un grave procès; il était appelé à comparaître devant le roi pour répondre à une accusation capitale. Il s'adressa à ses amis, les priant de le défendre et de témoigner pour lui.

Le premier refusa, alléguant des affaires qui le mettaient dans l'impossibilité de répondre à cet appel. Le second accompagna l'accusé jusqu'à la porte du tribunal; mais, arrivé là, il eut peur et retourna sur ses pas. Alors le troisième ami se présenta.

« Quelque injuste préférence que tu aies montrée pour ceux qui t'ont abandonné, dit-il à son ami, me voici prêt à te secourir. »

Ayant dit ce peu de mots, il se présenta devant le juge et rendit sur son ami un témoignage si sincère, si loyal, si plein de franchise et de probité, que le roi s'apaisa, et, loin de punir l'accusé, le récompensa et lui donna sa faveur.

L'homme a dans ce monde trois sortes d'amis. Comment se comportent-ils à l'heure de la mort, quand il faut comparaître devant le juge souverain? Les richesses, que l'on avait le plus aimées pendant la vie, ne nous accompagnent même pas jusqu'au tombeau; elles nous quittent pour passer en d'autres mains.

Nos parents et nos amis nous suivent jusqu'à notre dernière demeure, puis retournent chez eux et nous oublient au milieu du tumulte des affaires et du monde. Nos bonnes actions seules paraissent avec nous devant Dieu. Elles parlent pour nous et nous obtiennent grâce et miséricorde.

PROVERBES. — **On connaît les vrais amis dans le malheur.**

Qui s'aime trop n'a pas d'amis.

41ᵉ LEÇON

Justice d'un cadi [1].

Un marchand arabe avait confié à un chamelier turc quelques balles de soieries [2] pour les conduire d'Alexandrie au Caire et s'était mis en route avec lui ; mais il tomba malade au milieu du voyage et ne put suivre la caravane.

Au bout d'un certain temps, le chamelier, ne le voyant pas revenir, s'imagina qu'il était mort, vendit les soieries au Caire et changea de profession [3].

Le marchand arabe arriva enfin au Caire. Après avoir longtemps cherché le chamelier, il le trouva et lui réclama ses marchandises. Le chamelier feignit de ne pas le reconnaître et prétendit même qu'il n'avait jamais été chamelier.

Le marchand amena alors le Turc devant le cadi lequel, faute de preuves, ne put trancher l'affaire et renvoya les deux plaideurs [4]. Mais, pendant

1. *Cadi* est un mot arabe qui signifie *juge, magistrat*.

2. Beaucoup de mots français sont terminés par IE ou RIE. Ex. : *soierie, tapisserie, plaisanterie, boucherie, duperie, fourberie, tromperie*, etc.

3. *Profession* a pour synonymes *métier, état, art*. On dit *le métier de maçon, la profession de médecin ou d'avocat, l'art du peintre*, etc.

4. Beaucoup de mots sont terminés par *eur, teur, seur*. Ils désignent ordinairement la personne qui fait la chose exprimée par le radical. Ex. : *plaideur*, celui qui *plaide* ; *menteur*, celui qui *ment* ; *coureur, porteur, chanteur, laboureur, nageur, protecteur, directeur, défenseur*, etc.

qu'ils sortaient ensemble, le cadi s'écria tout à coup : « Chamelier, chamelier, un mot! »

Le Turc tourna la tête, sans songer qu'un instant auparavant, il avait juré qu'il n'avait jamais exercé la profession de chamelier.

Alors le cadi, convaincu de la fourberie du Turc, le fit arrêter et le condamna, d'abord à recevoir la bastonnade[1] et à payer une forte amende pour son faux serment, et ensuite à restituer au marchand arabe le prix de ses soieries avec des dommages-intérêts.

EXPRESSIONS. — **Faute de preuves.** *Je n'ai pas pu terminer cette construction faute d'argent. Il est mort faute de soins. J'accepte ces conditions faute de mieux. Le juge a acquitté le voleur faute de preuves. Je ne vous ai pas écrit faute de temps. Écrivez-moi sans faute dès votre arrivée à Paris. Tu t'es ruiné par ta faute. La faute en est à toi si je n'ai pas réussi. Je tâcherai de réparer ma faute. L'argent que j'ai prêté hier me fait faute aujourd'hui. Tu as commis là une grosse faute dont tu te repentiras plus tard. Quel est l'homme qui peut dire : « Je n'ai jamais commis de faute »? C'est mal à vous d'avoir cherché à faire retomber la faute sur moi.*

GRAMMAIRE

DES ADVERBES

*Les **adverbes** sont des mots invariables qui complètent le sens des verbes, des adjectifs et même d'autres adverbes en y ajoutant une idée de **temps**, de **manière**, de **lieu**, de **quantité**, de **rang**, etc.*

---

1. *Bastonnade.* Autres exemples de mots terminés en *ade;* *canonnade, fusillade, bousculade, promenade,* etc.

Souvent un adverbe peut être remplacé par une **pré- position** *suivie d'un nom. Ex. :* **il m'a parlé dure- ment,** *c'est-à-dire* **avec dureté ; — les soldats ont combattu courageusement,** *c'est-à-dire* **avec cou- rage.**

Un grand nombre d'adverbes sont formés d'un adjec- tif au féminin suivi de la terminaison **ment.** *Ex. :*

Follement *de* **folle,** *féminin de* **fou ;**
Bonnement *de* **bonne,** *féminin de* **bon ;**
Franchement *de* **franche,** *féminin de* **franc,** *etc.*

EXEMPLES D'ADVERBES

Indiquant le **temps** *: hier, aujourd'hui, demain, autrefois, jadis, tantôt, etc.*

Indiquant la **manière** *: fortement, tristement, bien, mal, etc.*

Indiquant le **lieu** *: ici, là, dessous, dessus, dehors, etc.*

Indiquant la **quantité** *: beaucoup, peu, trop, plus, moins, etc.*

CONJUGAISON

Verbe **naître.** *Présent :* Je nais, tu nais, il naît, nous naissons, vous naissez, ils naissent. *Imparfait :* Je naissais, etc. *Passé défini :* Je naquis, etc. *Passé indé- fini :* Je suis né, etc. *Futur :* Je naîtrai, etc. *Impératif :* Nais, naissons, naissez. *Subjonctif présent :* Que je naisse, etc. *Imparfait :* Que je naquisse, etc. *Parti- cipe présent :* Naissant. *Participe passé :* Né.

Verbe **connaître.** *Présent :* Je connais, etc. (comme naître). *Imparfait :* Je connaissais, etc. *Passé défini :* Je connus, tu connus, etc. *Passé indéfini :* J'ai connu, etc. *Futur :* Je connaîtrai, etc. *Impératif :* Connais, connais- sons, connaissez. *Subjonctif présent :* Que je con- naisse, etc. *Imparfait :* Que je connusse, etc. *Parti- cipe présent :* Connaissant. *Participe passé :* Connu.

Géographie.

Nantes, sur la Loire, port très commerçant, est aussi une ville industrielle. *Bordeaux*, bâtie sur la Gironde,

France (Principales villes).

est une des plus belles villes de France. C'est également un port de commerce qui a des relations importantes avec l'Amérique du Sud et l'Afrique. *Toulouse*, sur la Garonne, est une ville très commerçante. *Mar-*

seille, près de l'embouchure du Rhône, est le premier port de France et l'un des ports de commerce les plus importants du monde entier. Cette ville, la deuxième de France, compte 494 000 habitants. Elle fait un commerce considérable avec tous les pays baignés par la mer Méditerranée, avec l'Asie, l'Afrique et l'Amérique. *Lyon* est, après Paris et Marseille, la ville la plus peuplée de France (453 000 habitants). Elle a été bâtie au confluent de la Saône et du Rhône. Il se fait à Lyon un très grand commerce de soieries. Les Lyonnais sont renommés pour l'habileté avec laquelle ils tissent les étoffes de soie, fabriquent les velours et teignent la laine et la soie. *Saint-Étienne* est une ville qui compte 146 000 habitants. Elle est célèbre par ses fabriques d'armes et par ses usines. Elle est située au centre d'un pays très riche en *houille*. *Nice*, port de la Méditerranée, près de la frontière de l'Italie. *Toulon*, port militaire.

Les villes de France qui ont plus de 50 000 habitants sont très nombreuses. Nous citerons les principales : *Amiens*, sur la Somme; *Orléans* et *Tours*; *Angers*, sur la Sarthe; *Limoges*, sur la Vienne; *Besançon*, sur le Doubs, affluent de la Saône; *Dijon*; *Grenoble*, sur l'Isère, *Montpellier*.

Les grands ports de guerre, c'est-à-dire ceux où l'on abrite les navires de guerre, sont : *Cherbourg* sur la Manche, *Brest*, *Lorient*, *Rochefort* sur l'Atlantique, *Toulon* sur la mer Méditerranée.

Exercices.

1° Expliquer aux élèves les homonymes suivants et leur faire composer des phrases renfermant ces homonymes : Mère, mer, maire. — Cher, chère, chair, chaire. — Cor, cor, corps. — Mors, mort, maure, mord (verbe). — Pin, pain, peint (partic.), peint (verbe)·

— Vice, vis. — Sang, sens, cent, sent (verbe). — Cou, coup, coût. — Père, paire, pair, perd (verbe).

2° Chercher dix noms terminés par *teur*, *seur* ou *eur*, et composer dix phrases avec ces noms.

EXERCICE DE LECTURE

Le télégraphe.

Nous avons vu qu'avec les bateaux à vapeur et les chemins de fer une lettre, partie de Tunis, peut arriver à Paris en deux jours et demi. Cependant, si l'on a une nouvelle très pressée à envoyer, on peut la faire parvenir en beaucoup moins de temps. En effet, le télégraphe transmet les nouvelles d'un bout du monde à l'autre en quelques secondes. C'est l'électricité qui produit ce merveilleux effet.

L'électricité est une puissance de la nature, comme la chaleur, la lumière; c'est elle qui éclate dans les nuages, lorsque le tonnerre gronde et que les éclairs brillent. L'électricité se transmet le long d'un fil de métal avec une telle rapidité, qu'elle arrive à l'autre bout presque au moment où elle part. On connaît maintenant le moyen de produire l'électricité. Il suffit de mettre en contact dans un vase d'eau étendue d'acide sulfurique des morceaux de cuivre et de zinc. De chaque côté du vase part un fil le long duquel circule le courant électrique. Les fils télégraphiques qui font communiquer entre eux les bureaux de télégraphe, sont supportés au-dessus du sol par des poteaux et suivent généralement les voies ferrées.

Les continents sont reliés entre eux par des câbles sous-marins, de sorte qu'en une seconde Tunis peut correspondre avec Marseille, Paris, Londres, etc.

On a aussi inventé un appareil, le téléphone, qui

s'aide de l'électricité pour transmettre au loin, et avec la rapidité de l'éclair, non plus les mots d'une dépêche télégraphique, mais la voix même de l'homme. Avec le téléphone, une personne entend, à Paris, les mots et les phrases prononcés par une autre personne, à Bruxelles par exemple.

42ᵉ LEÇON

TEXTE

Le cheval volé.

Un Arabe avait un fort beau cheval qui lui fut volé une nuit.

Il alla le lendemain à un marché situé près de son douar, et ne tarda pas à retrouver son cheval monté par un individu qu'il ne connaissait pas.

L'Arabe saisit aussitôt le cheval par la bride et se mit à crier à haute voix : « Ce cheval est à moi, on me l'a volé cette nuit. » Le cavalier lui dit poliment :

« Vous vous trompez, mon ami, il y a plus d'un an que je l'ai acheté. Il ressemble peut-être au vôtre, mais il est à moi bien certainement. »

Alors l'Arabe jeta son burnous[1] sur la tête de l'animal et s'écria : « Puisque vous possédez ce cheval depuis un an, vous devez bien le connaître. De quel œil est-il borgne? »

Le cavalier se troubla un instant; mais il dit bien vite : « C'est de l'œil gauche! — Non, dit l'Arabe, il n'est pas borgne de l'œil gauche.

1. Le *burnous* est une sorte de grand manteau que portent principalement les Arabes.

— Ah ! c'est vrai, s'écria le fripon ; excusez-moi, je me suis trompé ; je voulais dire de l'œil droit. Oui, c'est de l'œil droit qu'il est borgne. »

Alors l'Arabe découvrit [1] la tête du cheval et dit aux gens qui les entouraient : « Regardez-bien ; ce cheval n'est borgne ni de l'œil droit, ni de l'œil gauche. Cela prouve bien que ce fripon m'a volé mon cheval. »

Tous les assistants éclatèrent de rire, et conduisirent le voleur devant le juge qui lui infligea un juste châtiment.

EXPRESSIONS. — De quel œil est-il borgne? *L'œil droit, l'œil gauche. Vous avez de bons yeux, de mauvais yeux. On ouvre et on ferme les yeux. Je n'ai pu fermer l'œil de la nuit. J'allais commettre une imprudence : je te remercie de m'avoir fait ouvrir les yeux. Votre fils se conduit mal : vous avez tort de fermer les*

---

1. *Découvrit.* Ce mot est composé de la syllabe *dé* et de *couvrir*. Il y a un certain nombre de syllabes qui, placées au commencement d'un mot, modifient le sens de ce mot. Ces syllabes s'appellent des *préfixes*. Les préfixes les plus employés sont :

dé ou *des.* . . Ex. : déporter, déduire, déposer, démettre, défaire, désunir, déshabiller, démonter, etc.

in, im ou *irr.* Ex. : induire, importer, imposer, irréfléchi, irréparable, indescriptible, inoffensif, etc.

con, com ou *co.* Ex. : conduire, contenir, convenir, condamner. composer, comporter, commettre, coopérer, etc.

pro, pour. . . Ex. : produire, projeter, promettre, pourchasser, poursuivre, provenir, etc.

pré. . . . . . Ex. : prédire, prétendre, préférable, pressentir, prévenir, etc.

ad. . . . . . Ex. : admettre, apporter, apposer, attendre, advenir, etc.

re . . . . . Ex. : reporter, reposer, redire, remettre, revenir, reconduire, relire, etc.

sur, sub, sup. Ex. : surfaire, survenir, supposer, supporter, subvenir, etc.

yeux sur ses défauts qui sautent aux yeux de tout le monde. Pourquoi me regardez-vous du coin de l'œil? Voulez-vous jeter un coup d'œil sur ce travail? Au premier coup d'œil vous pourrez juger s'il est bien fait. Veuillez le regarder d'un œil indulgent. A mes yeux, votre travail ne vaut rien; cependant vous passez aux yeux de tous pour être un homme habile. Si vous voulez, je vais vous mettre sous les yeux les défauts de votre travail. Je vous prie seulement de ne pas voir d'un mauvais œil ce que je fais dans votre intérêt. Cette femme dirige bien sa maison : elle a l'œil à tout. Votre tante n'a d'yeux que pour vous. Vous travaillez trop rapidement : vous avez terminé votre besogne en un clin d'œil. — **Regardez bien!** Il m'a regardé en face. J'ai regardé à droite et à gauche et je n'ai vu personne. Regarde droit devant toi. Je vous regarde comme mon frère. Il me regarde comme un fils. Si vous refusez d'aller déjeuner chez lui, il regardera cela comme un affront. Il m'a regardé de travers. Je ne veux pas me mêler de cette affaire qui ne me regarde pas. Pourquoi t'occupes-tu de ce qui ne te regarde pas? Il ne faut pas regarder à la dépense quand il s'agit de secourir les malheureux.

GRAMMAIRE

DE LA CONJONCTION

La **conjonction** *sert à* **lier** *deux mots entre eux ou deux phrases entre elles. Les principales conjonctions sont :* **et, car, mais, ou, ni, donc, si, que, quand, lorsque, puisque, parce que, afin que, pendant que,** *etc.*

DE L'INTERJECTION

L'interjection *est un mot invariable qui sert à exprimer la joie, la douleur, l'étonnement, la colère, etc.* **Ex. : Bravo! Ah! Oh! Chut! Hélas!** *etc.*

CONJUGAISON

Verbe **prendre**. *Présent :* Je prends, tu prends, il prend, nous prenons, vous prenez, ils prennent. *Imparfait :* Je prenais, tu prenais, etc. *Passé défini :* Je pris, tu pris, il prit, nous prîmes, etc. *Passé indéfini :* J'ai pris, etc. *Futur :* Je prendrai, etc. *Impératif :* Prends, prenons, prenez. *Subjonctif présent :* Que je prenne, etc. *Imparfait :* Que je prisse, etc. *Participe présent :* Prenant. *Participe passé :* Pris.

Verbe **vivre**. *Présent :* Je vis, tu vis, il vit, nous vivons, vous vivez, ils vivent. *Imparfait :* Je vivais, etc. *Passé défini :* Je vécus, etc. *Passé indéfini :* J'ai vécu, etc. *Futur :* Je vivrai, etc. *Impératif :* Vis, vivons, vivez. *Subjonctif présent :* Que je vive, etc. *Imparfait :* Que je vécusse, etc. *Participe présent :* Vivant. *Participe passé :* Vécu.

Verbe **nuire**. *Présent :* Je nuis, tu nuis, il nuit, nous nuisons, vous nuisez, ils nuisent. *Imparfait :* Je nuisais, etc. *Passé défini :* Je nuisis, etc. *Passé indéfini :* J'ai nui, etc. *Futur :* Je nuirai, etc. *Impératif :* Nuis, nuisons, nuisez. *Subjonctif présent :* Que je nuise, etc. *Imparfait :* Que je nuisisse, etc. *Participe présent :* Nuisant. *Participe passé :* Nui.

Géographie.

COMMERCE — INDUSTRIE — AGRICULTURE

La France est un des pays les plus riches du monde, grâce au travail et à l'intelligence de ses habitants. Aussi fait-elle un commerce considérable avec tous les peuples de la terre. Les principales marchandises qu'elle exporte sont : les vins, les liqueurs, les alcools, le sucre, les étoffes de laine et de soie, les tissus de coton, les toiles, les tapisseries, les dentelles, la parfumerie, les bijoux, les meubles, les poteries, les peintures, les livres, le papier, etc.

Les principales usines, fabriques et manufactures sont : les fonderies, les forges, les manufactures d'armes, de couteaux, de quincaillerie; les usines pour la fabrication des machines à vapeur, des machines destinées à l'agriculture; les fabriques de papiers, de produits chimiques, d'amidon, d'aiguilles, d'épingles; les tanneries, les teintureries; les manufactures de toiles, de dentelles, de tissus, de draps, de soieries, d'huiles, de savon, de sucre, etc.

On cultive en France un grand nombre de plantes, d'arbres et de légumes. Les Français sont d'excellents agriculteurs et des jardiniers habiles. Dans le nord, on cultive principalement la betterave avec laquelle on fait le sucre, et le pommier dont le fruit sert à faire une boisson qu'on appelle le cidre.

Dans le midi, on cultive la vigne qui sert à faire le vin, et les oliviers dont le fruit donne une huile excellente. On fait encore de l'huile avec les graines du colza et de l'œillette ou pavot.

On cultive des céréales dans toute la France (du blé. du seigle, de l'avoine). Partout aussi on cultive la pomme de terre, le tabac, le chanvre, le maïs. Enfin il y a en France un grand nombre d'arbres fruitiers qui donnent des fruits délicieux (des noyers, des pêchers, des amandiers, des poiriers, des pommiers, des abricotiers, etc.)

Les bestiaux sont en outre très nombreux en France parce qu'il y a partout de gras pâturages entretenus avec le plus grand soin par les éleveurs.

Exercices.

1º Expliquer aux élèves les homonymes suivants et leur faire composer des phrases les renfermant : Mon, mont, m'ont. — Point, poing, — Cuir, cuire. — Sou, sous, soûl. — Près, prêt (*adjectif*), prêt (*substantif*), pré. — Saint, sain, cinq, seing, sein, ceint. — Dessein, dessin. — Reine, rêne, renne; raine. — Sot, seau, saut, sceau. — Ver, vers (*préposition*), vers (*substantif*), verre, vert.

2° Chercher trois mots commençant par le préfixe **dé**, autres que ceux qui ont été donnés en exemple ; — trois mots commençant par le préfixe **in**, par le préfixe **con**, etc. — Faire entrer ces différents mots dans des phrases.

EXERCICE DE LECTURE

Le commerce et l'industrie.

Le commerce est l'échange des produits fabriqués par l'industrie. Comme chacun ne peut pas courir de pays en pays, ou de ville en ville pour acheter toutes les choses dont il a besoin, il y a des gens, qu'on appelle des négociants et des commerçants, qui font toutes ces courses et tous ces voyages pour les autres. Les uns vont d'un bout du monde à l'autre acheter, sur les lieux de production, des denrées et des objets de toute nature. Ils en chargent des navires, des wagons ou des voitures, les apportent chez eux et en remplissent leurs magasins. Ce sont les négociants en gros. C'est chez eux que d'autres personnes vont s'approvisionner pour revendre à leur tour en petite quantité. On les appelle marchands au détail. De cette façon, sans se déranger beaucoup, chacun peut se procurer, dans la ville où il demeure, et même dans sa rue, tout ce dont il a besoin pour se nourrir, se vêtir, se meubler, etc.

Les moyens de transport et de communication pour

faciliter le commerce, sont : les routes, les cours d'eau navigables (fleuves, rivières, canaux), les chemins de fer, les postes et les télégraphes, et la marine marchande.

On appelle industrie la transformation des matières premières en objets fabriqués. Ainsi les peaux des animaux sont transformées en cuir dans les tanneries, et ce cuir est employé à la confection d'une foule d'objets. Dans les scieries, on débite les arbres en planches, et avec les planches, le menuisier, le charpentier, l'ébéniste, font des meubles, des échafaudages et une foule d'objets en bois. Dans les fonderies, le minerai de fer est transformé en fer, en fonte et en acier. Dans les filatures, la laine, le coton, la soie, le lin, prennent la forme de fils et ces fils servent à fabriquer les draps, les étoffes, et toutes sortes de tissus. Dans les usines à gaz, on extrait de la houille le gaz d'éclairage. Dans les sucreries, la canne à sucre et lá betterave servent à fabriquer un sucre jaune et grossier que l'on purifie et que l'on transforme en sucre blanc dans les raffineries. Il y a beaucoup d'autres industries. Par son intelligence et son travail, l'homme transforme toutes les matières de la nature pour augmenter son bien-être.

43ᵉ LEÇON

TEXTE

La vie.

Un homme voyageait dans la montagne. Il arriva en un lieu où un gros rocher, ayant roulé sur le chemin, le remplissait entièrement; il n'y avait pas moyen de passer ni à droite ni à gauche.

Alors l'homme essaya de le remuer pour se faire un passage [1]; il se fatigua beaucoup à ce travail, mais il ne put réussir. Il s'assit plein de tristesse et se dit : « Lorsque la nuit viendra, que vais-je devenir dans ce lieu désert, sans nourriture [2], sans abri, sans défense, à l'heure où les bêtes féroces sortent pour chercher leur proie? »

Pendant qu'il réfléchissait ainsi, un autre voyageur arriva; celui-ci, après s'être fatigué en efforts inutiles pour remuer le rocher, s'assit et baissa la tête.

Après celui-ci, d'autres vinrent aussi; aucun ne put remuer le rocher, et leur crainte était grande.

Alors l'un d'eux dit aux autres : « Mes frères, réunissons nos forces et essayons ensemble ce qu'aucun de nous n'a pu faire à lui seul. »

Ils se levèrent et tous ensemble ils poussèrent le rocher qui céda, et ils continuèrent leur route en paix.

Le voyageur, c'est l'homme; le voyage, c'est la vie; le rocher, ce sont les misères qu'il rencontre à chaque pas sur sa route.

Aucun homme ne pourrait soulever ce rocher; mais ceux qui voyagent ensemble et unissent leurs efforts en viennent à bout.

EXPRESSIONS. — **Il arriva en un lieu**... *Voulez-vous vous arrêter en ce lieu? J'ignore en quel lieu il est*

---

1. *Passage.* Autres mots terminés en AGE : *éclairage, nettoyage, blanchissage, jardinage, assemblage*, etc.

2. *Nourriture.* Autres mots terminés par URE, TURE et SURE : *garniture, pourriture, lecture, peinture, brûlure, fourniture, épluchure; usure; moisissure,* etc.

actuellement. Suivez-moi, je vais vous conduire, car je connais bien les lieux. J'étais sur les lieux au moment de l'accident. Cet homme est un vagabond : il n'a ni feu ni lieu. Votre oncle vous a tenu lieu de père. Vous avez grondé cet enfant au lieu de le récompenser. Au lieu de m'écouter, vous ne faites que bavarder ensemble. J'en ai deux au lieu de trois. Nous sommes dans la misère, au lieu que vous, messieurs, vous vivez dans l'abondance. Vous avez lieu de vous réjouir de votre sort; nous autres, au contraire, nous avons lieu de nous attrister de notre destinée. Je vous raconterai cela en temps et lieu; il n'y a pas lieu aujourd'hui de vous en parler. Cette mesure a donné lieu à des protestations nombreuses. Votre conduite me donne lieu de croire que vous ne vous corrigerez jamais. Quand ce malheur a-t-il eu lieu? L'assassinat a eu lieu cette nuit. Je ferai prévenir le médecin, s'il y a lieu de le faire. En premier lieu, je vous dirai que vous n'avez pas raison; en second lieu, je ne puis pas vous accorder cela avant d'avoir vu votre père.

GRAMMAIRE

REMARQUES

SUR LA CONJUGAISON DE CERTAINS VERBES

1° *Verbes terminés par* **cer.** *Devant les voyelles* **a** *et* **o,** *on met une cédille sous le* **c**. Ex : **nous menaçons, nous agaçâmes.**

2° *Verbes terminés par* **ger.** *Devant les voyelles* **a** *et* **o,** *on met un* **e** *muet après le* **g**. Ex : **nous mangeons, je voyageais** (imparf.).

3° *Verbes terminés par* **eler, eter.** *On double* **l** *et* **t** *devant un* **e** *muet.* Ex. : **j'appelle, je jette.** *Quelques verbes cependant comme* **acheter, racheter, déceler, peler, épousseter,** *etc., prennent un accent grave sur l'* **e** *au lieu de redoubler* **l** *ou* **t** : **il achète, il pèle.**

4º *Verbes terminés par* **yer**. *L'y se change en* **i**, *devant un* **e** *muet.* Ex : **je nettoie, tu nettoies**, etc. ; *mais on écrit :* **je nettoyais, nous nettoyâmes**, etc. — *Les verbes en* **ayer** *conservent toujours leur* **y** : **Je paye, tu payes**, etc.

5º *Les verbes de la première conjugaison qui ont une* **voyelle** *avant la terminaison* **er** *de l'infinitif conservent cette voyelle à* **toutes** *les personnes.* Ex : *verbe* **tuer** : *je tue, tu tues, il tue, nous tuons, etc., je tuais, je tuerai, tue, etc. Verbe* **trouer**. *Je troue, je trouerai, je trouais, troue, etc. Verbe* **créer**. *Je crée, je créais, je créerai, crée, créé* (participe passé), *au féminin créée. Verbe* **prier**. *Je prie, nous prions ; je priais, nous priions ; je prierai, prie, etc.*

CONJUGAISON

Verbe **Battre**. *Présent :* Je bats, tu bats, il bat, nous battons, vous battez, ils battent. *Imparfait :* Je battais, etc. *Passé défini :* Je battis, tu battis, etc. *Passé indéfini :* J'ai battu. *Futur :* Je battrai, etc. *Impératif :* Bats, battons, battez. *Subjonctif présent :* Que je batte, etc. *Imparfait :* Que je battisse, etc. *Participe présent :* Battant. *Participe passé :* Battu.

Verbe **instruire**. *Présent :* J'instruis, tu instruis, il instruit, nous instruisons, vous instruisez, ils instruisent. *Imparfait :* J'instruisais, etc. *Passé défini :* J'instruisis, etc. *Passé indéfini :* J'ai instruit, etc. *Futur :* J'instruirai, etc. *Impératif :* Instruis, instruisons, instruisez. *Subjonctif présent :* Que j'instruise, que tu instruises, etc. *Imparfait :* Que j'instruisisse, que tu instruisisses, etc. *Participe présent :* Instruisant. *Participe passé :* Instruit.

Géographie.

ROUTES, CHEMINS DE FER ET CANAUX
DE LA FRANCE

Pour que l'industrie, le commerce et l'agriculture d'un pays soient prospères, il faut que ce pays soit sillonné dans tous les sens par des voies de communication de toutes sortes (routes, canaux, chemins de fer).

En France, les routes sont très nombreuses et très bien faites. Il y a des routes nationales, des routes départementales et des chemins vicinaux. Les premières sont construites et entretenues aux frais de l'État, les secondes aux frais des départements, et les chemins vicinaux aux frais des communes.

Les chemins de fer sont également nombreux et se dirigent dans toutes les parties de la France. Presque toutes les lignes de chemin de fer partent de Paris. Il y a six grandes lignes : celle du Nord, celle de l'Ouest, celle de l'Est, celle d'Orléans, celle de l'État et celle de Paris-Lyon-Méditerranée, qui partent de la capitale pour desservir les villes des contrées dont elles portent le nom. La ligne du Midi va de Bordeaux à Cette, port sur la Méditerranée.

On a utilisé aussi, pour le transport des marchandises et des voyageurs, les fleuves et les rivières. On a creusé des canaux pour mettre en communication un fleuve et une rivière avec un autre fleuve, une autre rivière ou une mer, comme le canal du Midi, ou celui de la Marne au Rhin, fleuve de l'Allemagne.

Dictée.

Les chiens.

Il y a un très grand nombre d'espèces de chiens. Les uns sont utiles, les autres sont des chiens d'agrément ;

quelques-uns sont de grande taille, d'autres sont très petits. La plupart sont intelligents et faciles à dresser.

Le *bouledogue* est un chien qui a la tête ronde, le nez court et relevé. Les dents de sa mâchoire infé-

Un lévrier.

Un chien de chasse.

rieure, qui avance un peu, sont découvertes, ce qui le rend vilain. Ce chien a le poil ras. Habituellement on lui coupe le haut des oreilles. Le bouledogue, qui est très fort et courageux, est un excellent chien de garde.

Un épagneul.

Le *chien de berger* est très intelligent et très docile. On arrive à lui faire monter la garde autour du troupeau aussi bien que pourraient le faire de grandes personnes.

Le *lévrier* a les jambes minces et longues, le museau pointu, le poil ras. C'est un animal très rapide à la course.

Les chiens sont souvent employés pour la chasse. Il y a le chien d'*arrêt* et le chien *courant*. Le chien d'arrêt fixe le gibier lorsqu'il l'a découvert, l'arrête jusqu'à l'arrivée du chasseur et le rapporte lorsque celui-ci l'a tué. Le chien courant poursuit le gibier jusqu'à ce qu'il l'ait atteint.

L'*épagneul* est un excellent chien de chasse. Il a de longues oreilles qui pendent, des poils soyeux et une queue touffue.

EXERCICE DE LECTURE

La civilisation.

L'homme n'est arrivé que peu à peu à perfectionner les arts et à inventer toutes ces machines merveilleuses qui lui rendent de si grands services.

Il fut un temps où il ne savait pas construire de maisons, où il ignorait l'usage du fer. Il mangeait les glands des forêts, parce qu'il ne savait pas cultiver le blé. A cette époque très reculée, il vivait comme une bête sauvage. Il entretenait le feu jour et nuit, parce qu'il ne savait pas le retrouver. Il se couvrait de la peau des animaux et habitait la nuit sur les arbres ou dans les cavernes.

L'homme, aujourd'hui, est devenu le maître du globe par la force de son intelligence. Tous ses besoins sont satisfaits. Le maçon lui construit des maisons solides et commodes; le tisserand lui fabrique des étoffes souples et chaudes; le tailleur lui fait des vêtements commodes et élégants; le boulanger assure sa nourriture; en un mot, tous travaillent à lui procurer des satisfactions de toutes sortes.

Le cheval, dompté par lui, le transporte où il lui plaît d'aller; le bœuf laboure ses champs et lui prépare de riches moissons.

Avec de l'eau et du feu il obtient la vapeur, et, avec ce gaz léger et presque impalpable, il soulève sans peine les fardeaux les plus lourds; il fait, sans fatigue, les travaux les plus pénibles; il vole sur terre et sur mer, d'un bout de l'univers à l'autre.

Il a même dompté la foudre : au lieu de remplir de terreur le cœur de l'homme, comme aux âges d'igno-rance, elle transmet docilement sa pensée et sa voix aux extrémités du monde avec une rapidité dont rien ne peut donner une idée, puisque le courant électrique peut faire le tour du monde en une seconde.

44ᵉ LEÇON

TEXTE

La vérité.

Un poète persan[1] raconte qu'étant encore enfant, il quitta la maison paternelle[2] en emportant quarante pièces d'or que sa mère lui avait cousues dans sa ceinture.

« Je me joignis, dit-il, à une caravane qui allait à Bagdad. Pendant le voyage, des brigands assaillirent la caravane et s'emparèrent de toutes les marchandises.

« Un des brigands me demanda si j'avais quelque chose sur moi.

« J'ai quarante dinars cousus dans ma ceinture », répondis-je.

1. *Persan*, c'est-à-dire originaire de la Perse. Les adjectifs qui indiquent le pays ou la ville auquel on appartient peuvent être terminés par *an, en, ien, ain, ais* ou *ois*. Ex. : *Castillan*, individu originaire de la *Castille* (pays d'Espagne); *Européen*, originaire de l'*Europe*; *Africain*, originaire de l'*Afrique*; *Américain*, originaire de l'*Amérique*; *Parisien*, originaire de *Paris*; *Marseillais*, originaire de *Marseille*; *Algérien*, originaire d'*Alger*; *Lyonnais*, originaire de *Lyon*; *Strasbourgeois*, originaire de *Strasbourg*, etc.

2. *Paternel*, féminin, *paternelle*. Les terminaisons *el, al* et de certains adjectifs leur donnent le sens de *qui a rapport à..., qui ressemble à...*, ainsi *paternel, maternel, fraternel, éternel*, signifient *qui a rapport au père, à la mère, au frère, à l'éternité*; *filial*, signifie *qui a rapport au fils; matinal, qui a rapport au matin*, etc.

« Il crut que je plaisantais et me tourna le dos. Un de ses compagnons vint quelques instants après et me fit la même question ; je lui fis la même réponse qu'au premier ; celui-là aussi ne voulut pas me croire.

« Cependant les voleurs se mirent à partager le butin et je fus amené devant le chef de la bande.

« Que possèdes-tu, petit homme? me dit-il à son tour.

« — J'ai déjà dit à deux de tes hommes que je possède quarante dinars dans ma ceinture. »

« Il était incrédule comme eux, mais il fut tout stupéfait lorsque je lui sortis mes pièces d'or.

« Ne pouvant comprendre pourquoi je livrais si facilement ce que j'aurais si bien pu tenir caché, il m'en demanda la raison.

« Ma mère m'a fait jurer, lui dis-je, de ne jamais mentir ; je veux lui tenir parole. »

« Le chef, frappé de ma réponse, resta quelques instants silencieux, puis il me dit :

« Enfant, tu es pénétré de tes devoirs envers ta
« mère, et moi, dont les années auraient dû mûrir
« l'esprit, je n'ai pas su connaître mes devoirs
« envers les hommes, mes frères. Donne-moi ta
« main, enfant au cœur d'or ; tu auras été mon
« guide dans le chemin du bien, car je jure de ne
« plus jamais faire le mal. »

EXPRESSIONS. — **Il me tourna le dos.** *Le dos de l'homme ; le dos du cheval. Il a apporté ces marchandises à dos de chameau. Le dos de la main. Le dos de la chaise. Pourquoi me tournes-tu le dos? Les soldats* ont tourné le dos à l'ennemi et se sont enfuis. Victime d'une injustice, je courbe le dos et je me tais. Le juge les a renvoyés dos à dos. J'ai de grosses affaires sur le dos. Tu as été maladroit, tu t'es mis ton chef à dos. On m'a mis sur le dos toutes les fautes qui ont été commises. — **Il m'en demanda la raison.** Quelle raison avez-vous de me renvoyer? Pour quelle raison les as-tu punis? Je ne peux pas comprendre quelle est la raison qui les fait agir. J'ai des raisons de croire que vous m'avez trompé. Je suis irrité contre vous pour bien des raisons. Me donnez-vous tort ou raison? Nous avons de bonnes raisons pour ne pas les fréquenter. A tort ou à raison il a décidé qu'il n'irait plus chez vous. Je n'ai aucune raison de lui en vouloir. Votre père s'est fâché, non sans raison. L'homme est raisonnable : il est doué de raison. Ne croyez pas qu'il soit fou ; il a au contraire toute sa raison. Votre ami a eu tant de malheurs qu'il en a perdu la raison. Vous êtes complètement dépourvu de raison ; vous avez perdu la raison. La mort de son fils lui a troublé la raison. Tu as raison de ne pas le croire. Vous avez raison de ne pas le fréquenter. Vous avez confiance en moi : à plus forte raison devez-vous avoir confiance en lui. On a bien raison de dire que les individus les plus riches sont souvent les moins heureux. Vous avez mangé aujourd'hui plus que de raison. Si vous ne vous corrigez pas, je vous mettrai à la raison. J'aurai raison de votre inconduite.

GRAMMAIRE

DES DIMINUTIFS

Les diminutifs ajoutent aux noms dont ils sont tirés l'idée de **petitesse**, de **gentillesse**, de **mépris**. Ils sont ordinairement terminés par **ette, et, eau, on, cule, ille, ot, otte**.

Une fourchette est une petite **fourche**.

Une fillette est une petite **fille**.
Une goutelette est une petite **goutte**.
Une languette est une petite **langue**.
Un garçonnet est un petit **garçon**.
Un livret est un petit **livre**.
Un roitelet (sorte de petit oiseau) est un petit **roi**.
Un lionceau est un petit **lion**.
Un arbrisseau est un petit **arbre**.
Un oisillon est un petit **oiseau**.
Un cordon est une petite **corde**.
Un aiglon est un petit **aigle**.
Un monticule est une petite **montagne**.
Une vésicule est une petite **vessie**.
Une faucille est une petite **faux**.
Un îlot est une petite **île**.
Une menotte est une petite **main**.

Géographie.

COLONIES DE LA FRANCE

Un homme riche et puissant n'a pas seulement des propriétés dans la ville qu'il habite; il en a le plus souvent dans différentes localités. Il a aussi des relations avec des individus de divers pays. Il en est de même d'une grande nation : elle doit posséder au dehors des territoires qui forment ce qu'on appelle ses *colonies*. Les *colons* sont les individus qui habitent les colonies, qui les *colonisent*, c'est-à-dire qui y établissent des fermes pour la culture des terres, des usines, des maisons de commerce, etc.

La France, qui est une grande et puissante nation, et qui a une flotte considérable, a, naturellement, de nombreuses colonies. Plusieurs pays se sont placés aussi sous son *protectorat*, sûrs d'être courageusement défendus et protégés par ses armées et ses vaisseaux de guerre.

La France possède, dans le nord de l'*Afrique*, l'*Algérie*, divisée en trois départements, celui d'*Oran* à l'ouest, celui d'*Alger* au milieu, et celui de *Constantine* à l'est. *Oran* (85 000 habitants) est un port de mer très commerçant. *Tlemcen*, *Mascara* et *Mostaganem* sont les villes les plus importantes du département d'Oran.

Alger, chef-lieu du département du centre de l'Algérie, est une très belle ville qui compte aujourd'hui plus de 100 000 habitants. Les autres villes de ce département sont : *Orléansville*, bâtie sur le *Chélif*, *Milianah*, *Médéah*, *Blidah* et *Tizi-Ouzou*.

Constantine, chef-lieu du département du même nom, compte 52 000 habitants. Cette ville, qui est située dans l'intérieur des terres, est bâtie sur un immense rocher et offre un aspect des plus remarquables. Les autres villes du département sont : *Bône*, port très commerçant, *Philippeville*, *Bougie*, *Batna* et *Sétif*.

La *Tunisie*, située à l'est de l'Algérie, est placée sous le protectorat de la France. *Tunis*, ville de plus de 150 000 âmes, est la capitale de ce petit royaume dont le souverain s'appelle *bey*. Les villes les plus importantes de la Tunisie sont : *Bizerte*, *Sousse*, *Kairouan* et *Sfax*.

Un chemin de fer relie aujourd'hui *Tunis à Oran* en passant par Constantine, Sétif, Alger, Blidah et Orléansville.

Les autres colonies importantes de la France sont : en Afrique, à l'ouest :

Le *Sénégal*, aussi grand que la moitié de la France et dont le chef-lieu est *Saint-Louis*.

Depuis quelques années, cette colonie s'est étendue considérablement du côté de l'est et a été agrandie du *Soudan français*.

Le *Congo français*, qui nous fournit de l'ivoire, du

caoutchouc, de la gomme. etc., et dont le chef-lieu est *Libreville*.

A l'est de l'Afrique :

La grande île de *Madagascar* (3 millions et demi d'habitants) riche en minéraux, en forêts et qui nourrit de nombreux troupeaux de bœufs.

La capitale de Madagascar est *Tananarive*, au centre (50 000 habitants).

L'île de la *Réunion*, à l'est de Madagascar, qui nous donne de la canne à sucre et du café et dont le chef-lieu est *Saint-Denis*.

Au nord-ouest de Madagascar nous avons en outre es îles de *Nossi-Bé*, des *Comores* et le territoire de *Djibouti-Obock* où nous avons établi un dépôt de charbon.

La France possède *en Asie :* dans l'Hindoustan, cinq villes dont *Pondichéry;*

La *Cochinchine* capitale *Saïgon;*

Le *Tonkin*, capitale *Hanoï;*

La Cochinchine et le Tonkin produisent beaucoup de riz.

Le *Cambodge* et l'*Annam* sont en outre sous notre protectorat.

En *Océanie*, elle possède la *Nouvelle-Calédonie* dont le chef-lieu, *Nouméa*, est transformé en colonie pénitentiaire, ainsi que les îles *Taïti* et *Marquises*.

En *Amérique*, les îles de *Saint-Pierre* et *Miquelon* rendez-vous des pêcheurs qui vont pêcher la morue sur le banc de Terre-Neuve ; la *Guadeloupe*, la *Marti-nique* et la *Guyane*, lieu de relégation.

Morceaux choisis en vers.

Nous avons cru bon, pour répondre au désir exprimé par un certain nombre de maîtres, d'ajouter à la fin de ce volume quelques morceaux en vers destinés principalement aux enfants européens, français et étrangers, qui fréquentent nos écoles. Ces maîtres ont pensé, non sans raison, qu'il était désirable de faire apprendre par cœur, d'assez bonne heure, à ces enfants, quelques textes faciles en vers.

Le choix à faire n'était pas commode : les morceaux de poésie les plus simples en apparence présentent parfois, soit à cause du choix des mots et des expressions, soit à cause des idées, des difficultés qui arrêtent des écoliers français eux-mêmes. Aussi recommandons-nous aux maîtres de commenter les textes avec le plus grand soin, de ne pas craindre d'expliquer les mots les plus faciles, d'insister sur le sens de certains idiotismes qui nous paraissent familiers, mais qui déroutent facilement les écoliers étrangers. Il vaut mieux, sous ce rapport, pécher par excès d'explications que de risquer de faire apprendre un texte qui n'aurait pas été suffisamment compris. Nous n'avons pas besoin d'ajouter que chaque morceau devra fournir aux maîtres l'occasion de réflexions morales.

Les mots écrits en italiques devront être expliqués plus particulièrement.

La maman.

Qui nous aime dès la *naissance?*
Qui donne à notre *frêle* enfance
Son doux, son premier *aliment?*
    C'est la maman.

Bien avant nous qui donc *s'éveille?*
Bien après nous quel *ange veille,*
Penché sur notre front dormant?
    C'est la maman.

A nous rendre sages qui pense?
Qui *jouit* de la récompense
Et *s'afflige* du châtiment?
    C'est la maman.

Aussi, qui devons-nous sans cesse
Bénir pendant notre *jeunesse,*
Chérir jusqu'au dernier moment?
    C'est la maman.

        Mme A. Tastu. Perrin, éditeur.

Conseils d'une abeille.

Écolier, qui pars pour l'école,
Garde-toi de *traîner le pas;*
En chemin ne t'amuse pas,
Mais *songe* à l'heure qui s'envole.

Pour ton *modèle* et ton *symbole*,
Si tu m'en crois, tu choisiras,
Non pas le papillon *frivole*,
Trop ami des joyeux *ébats ;*

Mais l'abeille toujours pressée,
Qui *butine* dans la *rosée*
Toutes les fleurs riches en miel.

Jamais *d'école buissonnière*,
Dit cette bonne conseillère
Qui *voltige* entre terre et ciel.

H. DURAND.

L'araignée et le ver à soie.

L'araignée, en ces mots *raillait* le ver à soie :
« Bon Dieu ! que de *lenteur* dans tout ce que tu fais !
    Vois combien peu de temps j'*emploie*
A *tapisser* un mur d'*innombrables filets.*
— *Soit*, répondit le ver ; mais ta toile est fragile,
    Et puis à quoi *sert-elle ?* à rien.
    Pour moi, mon travail est utile :
    Si je fais peu, je le fais bien. »

LE BAILLY.

Le pinson et la pie.

    « Apprends-moi donc une chanson,
    Demandait la *bavarde* pie
    A l'agréable et gai pinson,
Qui chantait au printemps sur l'*épine* fleurie.
    — Allez, vous vous moquez, ma *mie ;*
Aux gens de votre espèce, ah ! je *gagerais* bien
    Que jamais on n'apprendra rien.

— Eh quoi! la *raison*, je te prie?
— C'est que pour savoir bien chanter,
Il faudrait savoir écouter,
Et jamais *babillard* n'écouta de sa vie. »

Mme DE LA FÉRANDIÈRE.

Un grand garçon.

L'an passé, cela *va sans dire*,
J'étais petit; mais à présent
Que je sais compter, lire, écrire,
C'est bien certain que je suis grand.

Quand sur les genoux de ma mère,
On me voyait souvent assis,
J'étais petit, *la chose est claire :*
J'avais cinq ans, et j'en ai six!

Maintenant je vais à l'école ;
J'apprends chaque jour ma leçon ;
Le *sac* qui pend à mon épaule
Dit que je suis un grand garçon.

Quand le maître parle, j'écoute,
Et je retiens ce qu'il me dit ;
Il est content de moi, sans doute,
Car je vois bien qu'il me sourit.

CAUMONT.

Les voleurs et l'âne.

Pour un âne enlevé deux voleurs se battaient :
L'un voulait le garder, l'autre le voulait vendre.
　　Tandis que coup de poings *trottaient*,
Et que nos *champions* songeaient à *se défendre*,
　　Arrive un troisième *larron*
　　Qui saisit maître *Aliboron*.

LA FONTAINE.

La poule aux œufs d'or.

L'*avarice* perd tout en voulant tout gagner.
Je ne veux, pour le *témoigner*,
Que celui dont la poule, à ce que dit la *fable*,
Pondait tous les jours un œuf d'or.
Il crut que dans son corps elle avait un *trésor;*
Il la tua, l'ouvrit et la trouva semblable
A celles dont les œufs ne lui rapportaient rien,
S'étant lui-même ôté *le plus beau* de son *bien.*
Belle leçon pour les gens *chiches!*
Pendant ces derniers temps, combien en a-t-on vus,
Qui, du soir au matin, sont pauvres devenus,
Pour vouloir trop tôt être riches !

LA FONTAINE.

L'enfant grondé.

Je t'ai grondé... *trop fort* peut-être,
Et je me sens tout *soucieux*
En voyant grossir dans tes yeux
Ces deux larmes que j'ai fait naître.

Je m'étais trop vite *irrité*
D'un *tort* pur de toute *malice :*
C'est oubli, c'est légèreté,
Et ton cœur n'était pas *complice.*

Je t'aurai dit, dans mon *émoi,*
Quelque vive et dure parole.
Mon bon enfant que je *désole,*
Va! j'en souffre encor plus que toi.

Qu'il en coûte d'être sévère!
Tâche, ami, de te souvenir
Du chagrin que se fait ton père,
Quand il faut gronder et punir.

Garde sa *douloureuse* image
Dans ton petit cœur bien aimant ;
Si tu songes à ce moment,
Tu seras toujours, toujours sage.

Oh ! oui, c'est la dernière fois
Que tu *fais mal* et que je gronde.
Tu m'as bien compris, je le vois :
Tu relèves ta tête blonde.

De Laprade.

La chanson de l'alouette.

Je suis, je suis le cri de joie
Qui sort des *prés* à leur *réveil;*
Et c'est moi que la terre envoie
Offrir le salut au soleil.

Je pars des *chaumes* blancs de *brume.*
A mes pieds flotte un *fil d'argent*
La rosée *emperle* ma plume,
Et je la sème en *voltigeant.*

Je *plane* et chante la première
Dans l'*azur* frais où l'*aube éclôt;*
Je me baigne dans la lumière,
Et vais me *mirer* dans un *flot.*

Ma voix est sans *note plaintive :*
Je ne dis rien au triste soir ;
Je suis la chanson *folle* et *vive*
De la jeunesse et de l'espoir.

Je dis au malade qui *veille :*
« Bénis Dieu : la nuit va finir ! »
Au laboureur que je réveille :
« Fais ton *sillon* pour l'avenir ! »

De Laprade.

Le laboureur et ses enfants.

Travaillez, prenez de la peine :
C'est le *fonds qui manque le moins*.
Un riche laboureur, sentant sa mort *prochaine*,
Fit venir ses enfants, leur parla sans *témoins* :
« Gardez-vous, leur dit-il, de vendre l'*héritage*
Que nous ont laissé nos parents :
Un *trésor* est caché dedans.
Je ne sais pas l'endroit ; mais un peu de *courage*
Vous le fera trouver : vous en *viendrez à bout*.
Remuez votre champ dès qu'on aura fait l'*août ;*
Creusez, *fouillez*, bêchez ; ne laissez nulle place
Où la main ne *passe* et *repasse*. »
Le père mort, les fils vous retournent le champ,
Deçà, *delà*, partout ; si bien qu'au bout de l'an
Il en rapporta davantage.
D'argent, point de caché. Mais le père fut sage
De leur montrer, avant sa mort,
Que le travail est un trésor.

La Fontaine.

Question d'enfant.

Père, qui passe le plus vite ?
Est-ce le fleuve ? est-ce le vent ?
Est-ce l'étoile qui *gravite*,
Puis *file* en un *sillon* mouvant ?

Est-ce la *nue* ou la fumée ?
L'hirondelle sifflant dans l'air ?
La *fusée* en gerbe allumée ?
Est-ce la *foudre ?* Est-ce l'*éclair ?*

Le *torrent ?* l'ardente *avalanche ?*
Le plomb rapide et *meurtrier ?*
Le *brick* gonflant sa voile blanche ?
L'homme penché sur l'étrier ?

— Mon fils, que l'avenir t'*évite*
Ce savoir doux et douloureux !
Non, ce qui passe le plus vite,
Enfant, ce sont les jours heureux.

J. DE GÈRES.

Le poulet et le renard.

Un *imprudent* petit poulet,
Désobéissant à sa mère,
Loin du *poulailler* s'en allait.
A sa mère il ne songeait *guère*,
Elle *pourtant* se *désolait*.
« Ah ! si le renard, pensait-elle,
Ou quelque autre bête cruelle
Le rencontre, hélas ! il mourra. »
Or le renard le rencontra.
« Monsieur Poulet, c'est une joie
Pour moi de vous trouver ici.
Quel heureux *hasard* vous envoie ?
— Il faisait beau, je suis sorti
Malgré ma mère qui s'*entête*
Toujours pour des *peurs* sans raison,
A me garder à la maison ;
Mais moi, j'aime *agir à ma tête*.
— Et vous avez raison de *braver* le *danger*,
Je n'aurais aujourd'hui, sans vous, rien à manger. »
Et se jetant sur la *volaille*
    Qui *piaille*,
Il la dévore *en un moment*.
La désobéissance avait son châtiment.

RATISBONNE.
La Comédie enfantine.

La guenon, le singe et la noix.

Une jeune *guenon* cueillit
Une noix dans sa *coque* verte ;
Elle y porte la dent, fait la *grimace*... « Ah ! *certe*,
Dit-elle, ma mère *mentit*,
Quand elle m'assura que les noix étaient bonnes
Puis, croyez au *discours* de ces vieilles personnes
Qui *trompent* la jeunesse ! *Au diable* soit le fruit ! »
Elle jette la noix. Un *singe* la ramasse ;
Vite entre deux *cailloux* la casse,
L'*épluche*, la mange et lui dit :
« Votre mère eut raison, *ma mie ;*
Les noix ont fort bon *goût*, mais il faut les ouvrir.
Souvenez-vous que, dans la vie,
Sans un peu de travail on n'a pas de plaisir. »

FLORIAN.

La bergeronnette.

Pauvre petit oiseau des champs,
Inconstante bergeronnette,
Qui *voltiges* vive et *coquette*,
Et qui siffles tes jolis chants ;

Bergeronnette si gentille,
Qui tournes autour du troupeau,
Par les prés *sautille*, sautille,
Et *mire-toi* dans le ruisseau !

Va, dans tes *gracieux caprices*,
Becqueter la pointe des fleurs,
Ou poursuivre, aux pieds des *génisses*,
Les mouches aux vives couleurs.

Reprends tes jeux, bergeronnette,
Bergeronnette au vol léger ;
Nargue l'*épervier* qui te *guette :*
Je suis là pour te *protéger*.

Si haut qu'il soit, je puis l'abattre....
Petit oiseau, chante!... et demain,
Quand je marcherai, vient *t'ébattre*
Près de moi, le long du chemin.

C'est ton doux chant qui me *console ;*
Je n'ai pas d'autre ami que toi ;
Bergeronnette, vole, vole,
Bergeronnette, devant moi !

DOVALLE.

Le vieux pauvre.

Donner de son argent aux pauvres, c'est très bien ;
    Comment faire quand on n'a rien?
    On peut leur montrer qu'on les aime.
Donner son cœur, voilà la *charité suprême ;*
C'est ce que Petit-Jean a compris *de lui-même.*
En allant à l'école, il rencontre en chemin
Un bon vieux tout tremblant, qui, son bâton en main,
    Allait chantant d'une voix triste ;
Car la misère, hélas ! fait que des malheureux
Souvent chantent pour nous quand ils pleurent pour
    Or, Petit-Jean n'est pas un *égoïste,*   [eux!
Il voudrait bien donner quelque chose au vieillard ;
    Mais Jean n'a pas un *liard...*
« J'ai *goûté*, se dit-il, d'un pain et d'une pomme ;
Mais lui, *qui sait* s'il a déjeuné, ce pauvre homme ?
    Comme il tremble! comme il est vieux !
Comme il marche avec peine ! Il ressemble à grand-
A cette idée enfin, Jean qui *se désespère,*   [père. »
Essuie, avec sa manche en *lustrine*, ses yeux.
Soudain notre écolier part *à toute vitesse,*
    Aborde le vieux et se baisse.
Le vieillard, tout surpris, disait : « Que faites-vous ? »
    Mais Petit-Jean est à genoux :

Il *renoue* un cordon de la *pauvre* chaussure!
    Le vieux dont la marche est peu *sûre*,
    Aurait pu tomber en effet,
S'il avait mis le pied sur le cordon défait.
    Petit-Jean, que Dieu te *bénisse!*
    Que ta mère se *réjouisse!*
    Un riche peut donner de l'or;
Toi, tu donnes ton cœur; c'est le plus beau trésor.

            J. Aicard.

Un songe.

Le laboureur m'a dit en songe : « Fais ton pain,
Je ne te nourris pas, *gratte* la terre et sème. »
Le *tisserand* m'a dit : « Fais tes habits toi-même ».
Et le maçon m'a dit : « Prends la *truelle* en main. »

Et, seul, abandonné de tout le *genre humain*,
Dont je traînais partout l'*implacable anathème*,
Quand j'*implorais* du ciel une pitié *suprême*,
Je trouvais des lions debout dans mon chemin.

J'ouvris les yeux, doutant si l'*aube* était *réelle :*
De *hardis* compagnons sifflaient sur leur échelle,
Les métiers *bourdonnaient*, les champs étaient semés ;
Je connus mon bonheur et qu'au monde où nous som-
Nul ne peut *se vanter* de se passer des hommes; [mes
Et depuis ce jour-là je les ai tous aimés.

    Sully-Prudhomme. Lemerre, éditeur.

Le loup et l'agneau.

La *raison* du plus fort est toujours la meilleure;
    Nous *l'allons montrer* tout à l'heure.
    Un agneau se désaltérait
    Dans le *courant* d'une *onde* pure.

Un loup *survient, à jeun*, qui cherchait *aventure,*
   Et que la faim en ces lieux *attirait.*
« Qui te rend si *hardi* de *troubler* mon *breuvage ?*
     Dit cet animal *plein de rage ;*
Tu seras *châtié* de ta *témérité.*
— *Sire*, répond l'agneau, que Votre *Majesté*
    Ne se mette pas en colère ;
    Mais plutôt qu'elle *considère*
    Que je me vas désaltérant
       Dans le courant
    Plus de vingt pas au-dessous d'Elle ;
Et que, par conséquent, en aucune façon,
   Je ne puis troubler sa boisson.
— Tu la troubles ! reprit cette bête *cruelle,*
Et je sais que de moi tu *médis* l'an passé.
— Comment l'aurais-je fait si je n'étais pas né ?
  Reprit l'agneau ; je tette encore ma mère.
    — Si ce n'est toi, c'est donc ton frère.
— Je n'en ai point. — C'est donc quelqu'un des tiens ;
   Car vous ne m'*épargnez* guère,
  Vous, vos bergers, et vos chiens.
On me l'a dit : il faut *que je me venge.* »
   Là-dessus, au fond des forêts
   Le loup l'emporte, et puis le mange,
   Sans autre forme de *procès.*

La Fontaine.

La laitière et le pot au lait.

Perrette, sur sa tête ayant un pot au lait,
   Bien posé sur un *coussinet,*
Prétendait arriver sans *encombre* à la ville.
Légère et *court vêtue*, elle allait *à grands pas,*
Ayant mis, ce jour-là, pour être plus *agile,*
   Cotillon simple et souliers *plats.*
   Notre laitière ainsi *troussée*
   Comptait déjà dans sa pensée

Tout le prix de son lait ; en *employait* l'argent ;
Achetait *un cent* d'œufs ; faisait triple *couvée :*
La chose *allait à bien* par son soin *diligent.*
    « Il m'est, disait-elle, facile
D'élever des poulets autour de ma maison ;
    Le renard sera bien habile,
S'il ne m'en laisse assez pour avoir un cochon.
Le porc à *s'engraisser* coûtera peu de *son ;*
Il était, quand je l'eus, de grosseur *raisonnable ;*
J'aurai, le revendant, de l'argent *bel et bon.*
Et qui m'empêchera de mettre en notre *étable,*
Vu le prix dont il est, une vache et son veau,
Que je verrai sauter au milieu du troupeau ? »
Perrette, *là-dessus,* saute aussi, *transportée :*
Le lait tombe ; adieu, veau, vache, cochon, couvée.
La dame de ces biens, quittant d'un œil *marri*
    Sa fortune ainsi *répandue,*
    Va s'excuser à son mari,
    En grand danger d'être battue.
    Le récit en *farce* en fut fait ;
    On l'appela le Pot au lait.
La Fontaine.

Un billet de loterie.

On peut bien quelquefois *se flatter* dans la vie....
J'ai, par exemple, hier, mis à la loterie,
Et mon billet enfin pourrait bien être bon.
Je conviens que cela n'est pas *certain :* oh ! non ;
Mais la chose est *possible,* et cela doit *suffire.*
Puis, en me le donnant, on s'est mis à *sourire,*
Et l'on m'a dit : « Prenez, car c'est là le meilleur. »
Si je gagnais pourtant le gros lot, *quel bonheur !*
J'achèterais d'abord une *ample seigneurie...*
Non, plutôt une bonne et *grasse métairie,*
Oh ! oui, dans ce *canton...* j'aime ce pays-ci ;
Et le *climat,* d'ailleurs, me plaît beaucoup aussi.

J'aurai donc, à mon tour, des gens *à mon service ;*
Dans le commandement je puis être *novice ;*
Mais je ne serai point dur, insolent, ni fier,
Et me rappellerai ce que j'étais hier.
Ma foi, j'aime déjà ma *ferme* à la folie.
Moi ! *gros fermier !* j'aurai ma *basse-cour* remplie
De poules, de poussins que je verrai courir ;
De mes mains, chaque jour, je prétends les nourrir.
C'est *un coup d'œil* charmant, et puis cela *rapporte.*
Quel plaisir quand le soir, assis devant ma porte,
J'entendrai le retour de mes moutons bêlants,
Que je verrai de loin revenir à pas lents
Mes chevaux vigoureux et mes belles génisses !
Ils sont nos serviteurs, elles sont nos nourrices ;
Et mon petit Victor, sur son âne monté,
Fermant la marche avec un *air* de *dignité !*
Je serai plus heureux que le roi sur son *trône.*
Je serai riche, riche, et je ferai l'aumône.
Tout bas, sur mon passage, on se dira : « Voilà
Ce bon monsieur Victor ! » Cela me *touchera.*
Je puis bien *m'abuser ;* mais ce n'est pas sans cause.
Mon projet est au moins *fondé* sur quelque chose,
Sur un billet. Je veux revoir ce cher... Eh ! mais...
Où donc est-il ? *Tantôt* encore je l'avais...
Depuis quand ce billet est-il donc *invisible ?*
Ah ! l'aurais-je perdu ? Serait-il bien possible !
Mon malheur est certain : me voilà *confondu ;*
Que vais-je devenir ? Hélas j'ai tout perdu.

Colin d'Harleville.

Le loup et le chien [1].

Un loup n'avait que les os et la peau,
   Tant les chiens faisaient *bonne garde ;*

1. Faire relire le même texte en prose, qui se trouve dans
ce livre, page 185.

Ce loup rencontre un *dogue* aussi *puissant* que beau.
Gras, *poli*, qui s'était *fourvoyé* par *mégarde*.
    L'attaquer, le mettre en *quartiers*,
    Sire loup l'eût fait volontiers ;
    Mais il fallait livrer bataille,
    Et le *mâtin* était de *taille*
    A se défendre *hardiment*.
    Le loup donc *l'aborde humblement*,
  Entre en propos, et lui fait compliment
    Sur son *embonpoint*, qu'il admire.
    « Il ne tiendra qu'à vous, beau sire,
D'être aussi gras que moi, lui repartit le chien.
    Quittez les bois, vous ferez bien :
    Vos pareils y sont misérables,
    Cancres, hères et pauvres diables,
Dont la *condition* est de mourir de faim
Car, quoi ! rien d'assuré ! point de *franche lippée !*
    Tout à la *pointe* de l'épée !
Suivez-moi, vous aurez un bien meilleur *destin.* »
    Le loup reprit : « Que me faudra-t-il faire ?
— Presque rien, dit le chien : donner la chasse aux
    Portant bâtons, et mendiants ;   [gens
Flatter ceux du *logis*, à son maître *complaire :*
    Moyennant quoi, votre *salaire*
Sera *force reliefs* de toutes les façons,
    Os de poulets, os de pigeons,
    Sans parler de *mainte caresse.* »
Le loup déjà *se forge* une *félicité*
    Qui le fait pleurer de *tendresse*.
Chemin faisant, il vit le cou du chien *pelé*.
« Qu'est-ce là ? lui dit-il. — Rien. — Quoi ! rien ! —
             [Peu de chose.
— Mais encor ? — Le *collier* dont je suis attaché
De ce que vous voyez est peut-être la cause.
— Attaché ! dit le loup : vous ne courez donc pas
    Où vous voulez ? — Pas toujours, mais *qu'importe?*

— Il importe si bien que de tous vos repas
    Je ne veux en aucune sorte,
Et ne voudrais pas même *à ce prix* un *trésor.* »
Cela dit, maître loup s'enfuit et court encor.

La Fontaine.

L'ami des animaux.

Je suis l'ami des animaux ;
Pour être aimé d'eux, je les aime.
Sont-ils gais, je suis gai moi-même ;
Souffrent-ils, je *ressens* leurs *maux.*

Quand un *char* reste dans l'*ornière*,
Tout en *gourmandant* le brutal
Qui frappe son pauvre cheval,
Je pousse avec lui par derrière.

J'aime à te *flatter* de la main,
Bonne vache à l'œil *sympathique :*
Tu fus, suivant la *fable antique*,
La *nourrice* du genre humain.

Dans ton troupeau, dis-je au berger,
Veille à maintenir le bon ordre,
Sans permettre à ton chien de mordre
La brebis qu'il doit protéger.

Prenant *d'office* ta défense,
Humble âne, objet de nos mépris,
Vrai philosophe en habit gris,
Qui souffres les coups et l'offense,

J'ai fait rougir plus d'une fois
Le *rustre* qui, sur ton *échine*,
Au poids d'un lourd sac de farine
De son corps ajoutait le poids.

Sur le *seuil* d'un *manoir champêtre*
Un *dogue* aboie *à tout venant;*
J'approche : il se tait, devinant
Que je viens dîner chez son maître.

Dans un bois trotte Jean Lapin :
Il me voit, reconnaît sans peine
Un *cousin* du bon La Fontaine,
Et *gambade* en paix sur le *thym.*

Les petits oiseaux dans leurs nids,
Bouvreuils, pinsons, bergeronnettes,
Me disent, dans leurs chansonnettes :
« Que nos protecteurs soient bénis! »

Bourguin.

Le pauvre colporteur.

Le pauvre colporteur est mort la nuit dernière.
Nul ne voulait donner des planches pour sa *bière.*
Le forgeron lui-même a refusé son clou :
« C'est un Juif, disait-il, venu je ne sais d'où,
Un ennemi du Dieu que notre terre adore,
Et qui, s'il revenait, l'*outragerait* encore.
Son corps *infecterait* un *cadavre* chrétien ;
Aux *crevasses* du roc traînons-le comme un chien.
La *croix* ne doit point d'ombre à celui qui la *nie,*
Et ce n'est qu'à nos os que la terre est *bénie.* »
Et la femme du Juif et ses petits enfants
Imploraient vainement la pitié des passants,
Et, disputant le corps au *dégoût* populaire,
Retenaient par les pieds le mort dans son *suaire.*
Du *scandale inhumain* averti par hasard,
J'accourus, j'écartai la foule du regard.
Je tendis mes deux mains aux enfants, à la femme;
Je fis *honte* aux chrétiens de leur *dureté* d'âme,

Et, *rougissant* pour eux, pour qu'on l'*ensevelît :*
« Allez, dis-je, et prenez les planches de mon lit... »
Ces deux mots, *ont suffi* pour *retourner* leur âme;
Et l'on se disputait les enfants et la femme.

LAMARTINE. *Jocelyn*. Hachette et Cie, éditeurs.

L'aumône.

Donnez, riches! L'aumône est sœur de la prière.
Hélas! Quand un vieillard, sur votre *seuil* de pierre,
Tout *raidi* par l'hiver, en vain tombe à genoux;
Quand les petits enfants, les mains de froid *rougies*,
Ramassent sous vos pieds les *miettes* des *orgies*,
La face du Seigneur se *détourne* de vous.

Donnez! afin que Dieu qui *dote* les familles,
Donne à vos fils la force et la *grâce* à vos filles :
Afin que votre vigne ait toujours un doux fruit;
Afin qu'un blé plus mûr fasse *plier* vos *granges;*
Afin d'être meilleurs, afin de voir les *anges*
    Passer dans vos *rêves* la nuit!

Donnez! il vient un jour où la terre nous *laisse;*
Vos aumônes là-haut vous font une richesse.
Donnez! afin qu'on dise : « Il a pitié de nous! »
Afin que l'indigent que *glacent* les *tempêtes*,
Que le pauvre qui souffre à côté de vos fêtes,
Au seuil de vos palais fixe un œil moins *jaloux!*

Donnez! pour être aimés du Dieu qui se fit homme,
Pour que le méchant même en *s'inclinant* vous nomme,
Pour que votre *foyer* soit calme et fraternel;
Donnez! afin qu'un jour à votre heure dernière,
Contre tous vos péchés vous ayez la prière
    D'un mendiant *puissant* au ciel!

VICTOR HUGO.

La carte de France.

Chère carte de France, image *vénérée*,
Dont j'aime à *contempler* le gracieux *contour*,
Terre vraiment bénie et de Dieu préférée.
A toi ce souvenir de respect et d'amour !

Quel plaisir de nommer le long de tes rivages
Tes *golfes* et tes *caps* connus des matelots !
Voici la Normandie et ses *riants* ombrages ;
Là-bas, c'est la Bretagne *en guerre* avec les flots.

Le soleil du midi *dore* de sa lumière
Marseille, l'opulente et superbe cité,
Et Nice la *frileuse*, et Toulon la *guerrière*,
Et Bayonne et Biarritz au séjour *enchanté*.

Salut, salut à vous, Alpes et Pyrénées,
Majestueux remparts que Dieu même a construits
Pour *clore* et protéger nos plaines *fortunées*
Où *croissent* à l'envi les moissons et les fruits !

Que de biens, quels trésors enrichissent nos *rives !*
La vigne, en rangs pressés, *hérisse* les coteaux ;
Le nord a ses pommiers, le midi ses olives,
Et sous les verts sillons *dorment* les lourds *métaux*.

Salut, fleuves sacrés, sources fraîches et claires,
Rhône, enfant des *glaciers*, Seine au cours *onduleux*,
Garonne si terrible en tes *brusques* colères,
Et toi, plus belle encor, notre Loire aux *flots* bleus !

Un nom manque à ces noms ; nous l'acclamions
[*naguère.*

Quand la gloire *escortait* nos régiments vainqueurs :
De la carte de France effacé par la guerre,
Ce nom reste gravé dans le fond de nos cœurs.

H. Durand.

Verbe auxiliaire AVOIR.

Mode Indicatif.

PRÉSENT

J'	ai.
Tu	as.
Il *ou* elle	a.
Nous	avons.
Vous	avez.
Ils *ou* elles	ont.

IMPARFAIT

J'	avais.
Tu	avais.
Il *ou* elle	avait.
Nous	avions.
Vous	aviez.
Ils *ou* elles	avaient.

PASSÉ DÉFINI

J'	eus.
Tu	eus.
Il *ou* elle	eut.
Nous	eûmes.
Vous	eûtes.
Ils *ou* elles	eurent.

PASSÉ INDÉFINI

J'ai	eu.
Tu as	eu.
Il *ou* elle a	eu.
Nous avons	eu.
Vous avez	eu.
Ils *ou* elles ont	eu.

PASSÉ ANTÉRIEUR

J'eus	eu.
Tu eus	eu.
Il *ou* elle eut	eu.
Nous eûmes	eu.
Vous eûtes	eu.
Ils *ou* elles eurent	eu.

PLUS-QUE-PARFAIT

J'avais	eu.
Tu avais	eu.
Il *ou* elle avait	eu.
Nous avions	eu.
Vous aviez	eu.
Ils *ou* elles avaient	eu.

FUTUR

J'	aurai.
Tu	auras.
Il *ou* elle	aura.
Nous	aurons.
Vous	aurez.
Ils *ou* elles	auront.

FUTUR ANTÉRIEUR

J'aurai	eu.
Tu auras	eu.
Il *ou* elle aura	eu.
Nous aurons	eu.
Vous aurez	eu.
Ils *ou* elles auront	eu.

Mode Conditionnel.

PRÉSENT OU FUTUR

J'	aurais.
Tu	aurais.
Il ou elle	aurait.
Nous	aurions.
Vous	auriez.
Ils *ou* elles	auraient.

PASSÉ (1re forme).

J'aurais	eu.
Tu aurais	eu.
Il *ou* elle aurait	eu.
Nous aurions	eu.
Vous auriez	eu.
Ils *ou* elles auraient	eu.

PASSÉ (2e forme).

J'eusse	eu.
Tu eusses	eu.
Il *ou* elle eût	eu.
Nous eussions	eu.
Vous eussiez	eu.
Ils *ou* elles eussent	eu.

Mode Impératif.

PRÉSENT OU FUTUR

Sing.	2e *pers.*	Aie.
Plur.	1re *pers.*	Ayons.
—	2e *pers.*	Ayez.

Mode Subjonctif.

PRÉSENT OU FUTUR

Que j'	aie.
Que tu	aies.
Qu'il *ou* qu'elle	ait.
Que nous	ayons.
Que vous	ayez.
Qu'ils *ou* qu'elles	aient.

IMPARFAIT

Que j'	eusse.
Que tu	eusses.
Qu'il *ou* qu'elle	eût.
Que nous	eussions.
Que vous	eussiez.
Qu'ils *ou* qu'elles	eussent.

PASSÉ

Que j'aie	eu.
Que tu aies	eu.
Qu'il *ou* qu'elle ait	eu.
Que nous ayons	eu.
Que vous ayez	eu.
Qu'ils *ou* qu'elles aient	eu.

PLUS-QUE-PARFAIT

Que j'eusse	eu.
Que tu eusses	eu.
Qu'il *ou* qu'elle eût.	eu.
Que nous eussions	eu.
Que vous eussiez	eu.
Qu'ils *ou* qu'elles eussent	eu.

Mode Infinitif.

PRÉSENT OU FUTUR

Avoir.

PASSÉ

Avoir eu.

Mode Participe.

PRÉSENT

Ayant.

PASSÉ

Eu, eue, ayant eu.

Verbe auxiliaire ÊTRE.

Mode Indicatif.

PRÉSENT

Je	suis.
Tu	es.
Il *ou* elle	est.
Nous	sommes.
Vous	êtes.
Ils *ou* elles	sont.

IMPARFAIT

J'	étais.
Tu	étais.
Il *ou* elle	était.
Nous	étions.
Vous	étiez.
Ils *ou* elles	étaient.

PASSÉ DÉFINI

Je	fus.
Tu	fus.
Il *ou* elle	fut.
Nous	fûmes.
Vous	fûtes.
Ils *ou* elles	furent.

PASSÉ INDÉFINI

J'ai	été.
Tu as	été.
Il *ou* elle a	été.
Nous avons	été.
Vous avez	été.
Ils *ou* elles ont	été.

PASSÉ ANTÉRIEUR

J'eus	été.
Tu eus	été.
Il *ou* elle eut	été.
Nous eûmes	été.
Vous eûtes	été.
Ils *ou* elles eurent	été.

PLUS-QUE-PARFAIT

J'avais	été.
Tu avais	été.
Il *ou* elle avait	été.
Nous avions	été.
Vous aviez	été.
Ils *ou* elles avaient	été.

FUTUR

Je	serai.
Tu	seras.
Il *ou* elle	sera.
Nous	serons.
Vous	serez.
Ils *ou* elles	seront.

FUTUR ANTÉRIEUR

J'aurai	été.
Tu auras	été.
Il *ou* elle aura	été.
Nous aurons	été.
Vous aurez	été.
Ils *ou* elles auront	été.

Mode Conditionnel.

PRÉSENT OU FUTUR

Je	serais.
Tu	serais.
Il *ou* elle	serait.
Nous	serions.
Vous	seriez.
Ils *ou* elles	seraient.

PASSÉ (1re forme).

J'aurais	été.
Tu aurais	été.
Il *ou* elle aurait	été.
Nous aurions	été.
Vous auriez	été.
Ils *ou* elles auraient	été.

PASSÉ (2e forme).

J'eusse	été.
Tu eusses	été.
Il *ou* elle eût	été.
Nous eussions	été.
Vous eussiez	été.
Ils *ou* elles eussent	été.

Mode Impératif.

PRÉSENT OU FUTUR

Sing.	2e *pers.*	Sois.
Plur.	1re *pers.*	Soyons.
—	2e *pers.*	Soyez.

Mode Subjonctif.

PRÉSENT OU FUTUR

Que je	sois.
Que tu	sois.
Qu'il *ou* qu'elle	soit.
Que nous	soyons.
Que vous	soyez.
Qu'ils *ou* qu'elles	soient.

IMPARFAIT

Que je	fusse.
Que tu	fusses.
Qu'il *ou* qu'elle	fût.
Que nous	fussions.
Que vous	fussiez.
Qu'ils *ou* qu'elles	fussent.

PASSÉ

Que j'aie	été.
Que tu aies	été.
Qu'il *ou* qu'elle ait	été.
Que nous ayons	été.
Que vous ayez	été.
Qu'ils *ou* qu'elles aient	été.

PLUS-QUE-PARFAIT

Que j'eusse	été.
Que tu eusses	été.
Qu'il *ou* qu'elle eût	été.
Que nous eussions	été.
Que vous eussiez	été.
Qu'ils *ou* qu'elles eussent	été.

Mode Infinitif.

PRÉSENT OU FUTUR

Être.

PASSÉ

Avoir été.

Mode Participe.

PRÉSENT

Étant.

PASSÉ

Été, ayant été.

Première Conjugaison.

Verbe PORT ER. — *Radical* Port.

Mode Indicatif.

PRÉSENT

Je   port e.
Tu   port es.
Il   port e.
Nous port ons.
Vous port ez.
Ils   port ent.

IMPARFAIT

Je   port ais.
Tu   port ais.
Il   port ait.
Nous port ions.
Vous port iez.
Ils   port aient.

PASSÉ DÉFINI

Je   port ai.
Tu   port as.
Il   port a.
Nous port âmes.
Vous port âtes.
Ils   port èrent.

PASSÉ INDÉFINI

J'ai   port é.
Tu as   port é.
Il a   port é.
Nous avons port é.
Vous avez port é.
Ils ont   port é.

PASSÉ ANTÉRIEUR

J'eus   port é.
Tu eus   port é.
Il eut   port é.
Nous eûmes port é.
Vous eûtes port é.
Ils eurent port é.

PLUS-QUE-PARFAIT

J'avais   port é.
Tu avais   port é.
Il avait   port é.
Nous avions port é.
Vous aviez port é.
Ils avaient port é.

FUTUR

Je   port erai.
Tu   port eras.
Il   port era.
Nous port erons.
Vous port erez.
Ils   port eront.

FUTUR ANTÉRIEUR

J'aurai   port é.
Tu auras   port é.
Il aura   port é.
Nous aurons port é.
Vous aurez   port é.
Ils auront   port é.

Mode Conditionnel.

PRÉSENT OU FUTUR

Je   port erais.
Tu   port erais.
Il   port erait.
Nous port erions.
Vous port eriez.
Ils   port eraient.

PASSÉ (1re forme).

J'aurais   port é.
Tu aurais   port é.
Il aurait   port é.
Nous aurions port é.
Vous auriez   port é.
Ils auraient   port é.

PASSÉ (2e forme).

J'eusse   port é.
Tu eusses   port é.
Il eût   port é.
Nous eussions port é.
Vous eussiez   port é.
Ils eussent   port é.

Mode Impératif.

PRÉSENT OU FUTUR

Sing. 2e *pers.* Port e.
Plur. 1re *pers.* Port ons.
— 2e *pers.* Port ez.

Mode Subjonctif.

PRÉSENT OU FUTUR

Que je   port e.
Que tu   port es.
Qu'il   port e.
Que nous port ions.
Que vous port iez.
Qu'ils   port ent.

IMPARFAIT

Que je   port asse.
Que tu   port asses.
Qu'il   port ât.
Que nous port assions.
Que vous port assiez.
Qu'ils   port assent.

PASSÉ

Que j'aie   port é.
Que tu aies   port é.
Qu'il ait   port é.
Que nous ayons port é.
Que vous ayez   port é.
Qu'ils aient   port é.

PLUS-QUE-PARFAIT

Que j'eusse   port é.
Que tu eusses   port é.
Qu'il eût   port é.
Que nous eussions port é.
Que vous eussiez port é.
Qu'ils eussent   port é.

Mode Infinitif.

PRÉSENT OU FUTUR

Port er.

PASSÉ

Avoir port é.

Mode Participe.

PRÉSENT

Port ant.

PASSÉ

Port é, port ée, ayant port é.

Deuxième Conjugaison.

Verbe FIN IR. — *Radical* Fin.

Mode Indicatif.

PRÉSENT

Je   fin i   s.
Tu   fin i   s.
Il   fin i   t.
Nous fin iss ons.
Vous fin iss ez.
Ils   fin iss ent.

IMPARFAIT

Je   fin iss ais.
Tu   fin iss ais.
Il   fin iss ait.
Nous fin iss ions.
Vous fin iss iez.
Ils   fin iss aient.

PASSÉ DÉFINI

Je   fin is.
Tu   fin is.
Il   fin it.
Nous fin îmes.
Vous fin îtes.
Ils   fin irent.

PASSÉ INDÉFINI

J'ai   fin i.
Tu as   fin i.
Il a   fin i.
Nous avons fin i.
Vous avez fin i.
Ils ont   fin i.

PASSÉ ANTÉRIEUR

J'eus   fin i.
Tu eus   fin i.
Il eut   fin i.
Nous eûmes fin i.
Vous eûtes fin i.
Ils eurent fin i.

PLUS-QUE-PARFAIT

J'avais   fin i.
Tu avais   fin i.
Il avait   fin i.
Nous avions fin i.
Vous aviez fin i.
Ils avaient fin i.

FUTUR

Je   finir ai.
Tu   finir as.
Il   finir a.
Nous finir ons.
Vous finir ez.
Ils   finir ont.

FUTUR ANTÉRIEUR

J'aurai   fin i.
Tu auras   fin i.
Il aura   fin i.
Nous aurons fin i.
Vous aurez fin i.
Ils auront fin i.

Mode Conditionnel.

PRÉSENT OU FUTUR

Je   finir ais.
Tu   finir ais.
Il   finir ait.
Nous finir ions.
Vous finir iez.
Ils   finir aient.

PASSÉ (1re forme).

J'aurais   fin i.
Tu aurais   fin i.
Il aurait   fin i.
Nous aurions fin i.
Vous auriez fin i.
Ils auraient fin i.

PASSÉ (2e forme).

J'eusse   fin i.
Tu eusses   fin i.
Il eût   fin i.
Nous eussions fin i.
Vous eussiez fin i.
Ils eussent fin i.

Mode Impératif.

PRÉSENT OU FUTUR

Sing. 2e *pers.* Fin is.
Plur. 1re *pers.* Fin iss ons.
— 2e *pers.* Fin iss ez.

Mode Subjonctif.

PRÉSENT OU FUTUR

Que je   fin iss e.
Que tu   fin iss es.
Qu'il   fin iss e.
Que nous fin iss ions.
Que vous fin iss iez.
Qu'ils   fin iss ent.

IMPARFAIT

Que je   fin iss e.
Que tu   fin iss es.
Qu'il   fin ît.
Que nous fin iss ions.
Que vous fin iss iez.
Qu'ils   fin iss ent.

PASSÉ

Que j'aie   fin i.
Que tu aies   fin i.
Qu'il ait   fin i.
Que nous ayons fin i.
Que vous ayez fin i.
Qu'ils aient   fin i.

PLUS-QUE-PARFAIT

Que j'eusse   fin i.
Que tu eusses   fin i.
Qu'il eût   fin i.
Que nous eussions fin i.
Que vous eussiez fin i.
Qu'ils eussent   fin i.

Mode Infinitif.

PRÉSENT OU FUTUR

Fin ir.

PASSÉ

Avoir fin i.

Mode Participe.

PRÉSENT

Fin iss ant.

PASSÉ

Fin i, fin ie, ayant fin i.

Troisième Conjugaison.

Verbe RECEV OIR. — *Radical* Recev.

Mode Indicatif.

PRÉSENT

Je reçoi s.
Tu reçoi s.
Il reçoi t.
Nous recev ons.
Vous recev ez.
Ils reçoiv ent.

IMPARFAIT

Je recev ais.
Tu recev ais.
Il recev ait.
Nous recev ions.
Vous recev iez.
Ils recev aient.

PASSÉ DÉFINI

Je reç us.
Tu reç us.
Il reç ut.
Nous reç ûmes.
Vous reç ûtes.
Ils reç urent.

PASSÉ INDÉFINI

J'ai reçu.
Tu as reçu.
Il a reçu.
Nous avons reçu.
Vous avez reçu.
Ils ont reçu.

PASSÉ ANTÉRIEUR

J'eus reçu.
Tu eus reçu.
Il eut reçu.
Nous eûmes reçu.
Vous eûtes reçu.
Ils eurent reçu.

PLUS-QUE-PARFAIT

J'avais reçu.
Tu avais reçu.
Il avait reçu.
Nous avions reçu.
Vous aviez reçu.
Ils avaient reçu.

FUTUR

Je recev rai.
Tu recev ras.
Il recev ra.
Nous recev rons.
Vous recev rez.
Ils recev ront.

FUTUR ANTÉRIEUR

J'aurai reçu.
Tu auras reçu.
Il aura reçu.
Nous aurons reçu.
Vous aurez reçu.
Ils auront reçu.

Mode Conditionnel.

PRÉSENT OU FUTUR

Je recev rais.
Tu recev rais.
Il recev rait.
Nous recev rions.
Vous recev riez.
Ils recev raient.

PASSÉ (1re forme).

J'aurais reçu.
Tu aurais reçu.
Il aurait reçu.
Nous aurions reçu.
Vous auriez reçu.
Ils auraient reçu.

PASSÉ (2e forme).

J'eusse reçu.
Tu eusses reçu.
Il eût reçu.
Nous eussions reçu.
Vous eussiez reçu.
Ils eussent reçu.

Mode Impératif.

PRÉSENT OU FUTUR

Sing. 2e *pers.* Reç ois.
Plur. 1re *pers.* Recev ons.
— 2e *pers.* Recev ez.

Mode Subjonctif.

PRÉSENT OU FUTUR

Que je reçoiv e.
Que tu reçoiv es.
Qu'il reçoiv e.
Que nous recev ions.
Que vous recev iez.
Qu'ils reçoiv ent.

IMPARFAIT

Que je reç usse.
Que tu reç usses.
Qu'il reç ût.
Que nous reç ussions.
Que vous reç ussiez.
Qu'ils reç ussent.

PASSÉ

Que j'aie reçu.
Que tu aies reçu.
Qu'il ait reçu.
Que nous ayons reçu.
Que vous ayez reçu.
Qu'ils aient reçu.

PLUS-QUE-PARFAIT

Que j'eusse reçu.
Que tu eusses reçu.
Qu'il eût reçu.
Que nous eussions reçu.
Que vous eussiez reçu.
Qu'ils eussent reçu.

Mode Infinitif.

PRÉSENT OU FUTUR

Recev oir.

PASSÉ

Avoir reçu.

Mode Participe.

PRÉSENT

Recev ant.

PASSÉ

Reçu, reçue, ayant reçu.

Quatrième Conjugaison.

Verbe ROMPRE. — *Radical* Romp.

Mode Indicatif.

PRÉSENT

Je	romp s.
Tu	romp s.
Il	romp t.
Nous	romp ons.
Vous	romp ez.
Ils	romp ent.

IMPARFAIT

Je	romp ais.
Tu	romp ais.
Il	romp ait.
Nous	romp ions.
Vous	romp iez.
Ils	romp aient.

PASSÉ DÉFINI

Je	romp is.
Tu	romp is.
Il	romp it.
Nous	romp îmes.
Vous	romp îtes.
Ils	romp irent.

PASSÉ INDÉFINI

J'ai	romp u.
Tu as	romp u.
Il a	romp u.
Nous avons	romp u.
Vous avez	romp u.
Ils ont	romp u.

PASSÉ ANTÉRIEUR

J'eus	romp u.
Tu eus	romp u.
Il eut	romp u.
Nous eûmes	romp u.
Vous eûtes	romp u.
Ils eurent	romp u.

PLUS-QUE-PARFAIT

J'avais	romp u.
Tu avais	romp u.
Il avait	romp u.
Nous avions	romp u.
Vous aviez	romp u.
Ils avaient	romp u.

FUTUR

Je	romp rai.
Tu	romp ras.
Il	romp ra.
Nous	romp rons.
Vous	romp rez.
Ils	romp ront.

FUTUR ANTÉRIEUR

J'aurai	romp u.
Tu auras	romp u.
Il aura	romp u.
Nous aurons	romp u.
Vous aurez	romp u.
Ils auront	romp u.

Mode Conditionnel.

PRÉSENT OU FUTUR

Je	romp rais.
Tu	romp rais.
Il	romp rait.
Nous	romp rions.
Vous	romp riez.
Ils	romp raient.

PASSÉ (1re forme).

J'aurais	romp u.
Tu aurais	romp u.
Il aurait	romp u.
Nous aurions	romp u.
Vous auriez	romp u.
Ils auraient	romp u.

PASSÉ (2e forme).

J'eusse	romp u.
Tu eusses	romp u.
Il eût	romp u.
Nous eussions	romp u.
Vous eussiez	romp u.
Ils eussent	romp u.

Mode Impératif.

PRÉSENT OU FUTUR

Sing. 2e *pers.*	Romp s.
Plur. 1re *pers.*	Romp ons.
— 2e *pers.*	Romp ez.

Mode Subjonctif.

PRÉSENT OU FUTUR

Que je	romp e.
Que tu	romp es.
Qu'il	romp e.
Que nous	romp ions.
Que vous	romp iez.
Qu'ils	romp ent.

IMPARFAIT

Que je	romp isse.
Que tu	romp isses.
Qu'il	romp ît.
Que nous	romp issions.
Que vous	romp issiez.
Qu'ils	romp issent.

PASSÉ

Que j'aie	romp u.
Que tu aies	romp u.
Qu'il ait	romp u.
Que nous ayons	romp u.
Que vous ayez	romp u.
Qu'ils aient	romp u.

PLUS-QUE-PARFAIT

Que j'eusse	romp u.
Que tu eusses	romp u.
Qu'il eût	romp u.
Que nous eussions	romp u.
Que vous eussiez	romp u.
Qu'ils eussent	romp u.

Mode Infinitif.

PRÉSENT OU FUTUR

Romp re.

PASSÉ

Avoir romp u.

Mode Participe

PRÉSENT

Romp ant.

PASSÉ

Romp u, romp ue, ayant romp u.

Conjugaison de la voix passive.

ÊTRE AIMÉ.

Mode Indicatif.

PRÉSENT

Je suis   aim é.
Tu es   aim é.
Il est   aim é.
Nous sommes aim és.
Vous êtes   aim és.
Ils sont   aim és.

IMPARFAIT

J'étais   aim é.
Tu étais   aim é.
Il était   aim é.
Nous étions aim és.
Vous étiez   aim és.
Ils étaient aim és.

PASSÉ DÉFINI

Je fus   aim é.
Tu fus   aim é.
Il fut   aim é.
Nous fûmes aim és.
Vous fûtes aim és.
Ils furent aim és.

PASSÉ INDÉFINI

J'ai été   aim é.
Tu as été   aim é.
Il a été   aim é.
Nous avons été aim és.
Vous avez été aim és.
Ils ont été   aim és.

PASSÉ ANTÉRIEUR

J'eus été   aim é.
Tu eus été   aim é.
Il eut été   aim é.
Nous cûmes été aim és.
Vous eûtes été aim és.
Ils eurent été aim és

PLUS-QUE-PARFAIT

J'avais été   aim é.
Tu avais été aim é.
Il avait été aim é.
Nous avions été aim és.
Vous aviez été aim és.
Ils avaient été aim és.

FUTUR

Je serai   aim é.
Tu seras   aim é.
Il sera   aim é.
Nous serons aim és.
Vous serez   aim és.
Ils seront   aim és.

FUTUR ANTÉRIEUR

J'aurai été   aim é.
Tu auras été   aim é.
Il aura été   aim é.
Nous aurons été aim és.
Vous aurez été aim és.
Ils auront été   aim és.

Mode Conditionnel.

PRÉSENT OU FUTUR

Je serais   aim é.
Tu serais   aim é.
Il serait   aim é.
Nous serions aim és.
Vous seriez   aim és.
Ils seraient aim és.

PASSÉ (1re forme).

J'aurais été   aim é.
Tu aurais été   aim é.
Il aurait été   aim é.
Nous aurions été aim és.
Vous auriez été aim és.
Ils auraient été aim és.

PASSÉ (2e forme).

J'eusse été   aim é.
Tu eusses été   aim é.
Il eût été   aim é.
Nous eussions été aim és.
Vous eussiez été aim és.
Ils eussent été aim és.

Mode Impératif.

PRÉSENT OU FUTUR

Sing. 2e *pers.* Sois aim é.
Plur. 1re *p.* Soyons aim és.
— 2e *p.* Soyez aim és.

Mode Subjonctif.

PRÉSENT OU FUTUR

Que je sois   aim é.
Que tu sois   aim é.
Qu'il soit   aim é.
Que nous soyons aim és.
Que vous soyez   aim és.
Qu'ils soient   aim és.

IMPARFAIT

Que je fusse   aim é.
Que tu fusses   aim é.
Qu'il fût   aim é.
Que nous fussions aim és.
Que vous fussiez aim és.
Qu'ils fussent   aim és.

PASSÉ

Que j'aie été   aim é.
Que tu aies été   aim é.
Qu'il ait été   aim é.
Que nous ayons été aim és.
Que vous ayez été aim és.
Qu'ils aient été   aim és.

PLUS-QUE-PARFAIT

Que j'eusse été   aim é.
Que tu eusses été aim é.
Qu'il eût été   aim é.
Que nous cussions été aim és.
Que vous eussiez été aim és.
Qu'ils eussent été aim és.

Mode Infinitif.

PRÉSENT OU FUTUR

Être aim é.

PASSÉ

Avoir été aim é.

Mode Participe.

PRÉSENT

Étant aim é.

PASSÉ

Ayant été aim é.

Conjuguez de même : Pour un sujet masculin : Être appelé. — Être interrogé. — Être invité. — Être trahi. — Être averti. — Être enlevé. — Être reçu.

Pour un sujet féminin : Être étonnée. — Être occupée. — Être assoupie. — Être vendue. — Être aperçue. — Être émue.

Conjugaison de la voix pronominale.

SE VANTER.

Mode Indicatif.

PRÉSENT

Je me vant e.
Tu te vant es.
Il se vant e.
Nous nous vant ons.
Vous vous vant ez.
Ils se vant ent.

IMPARFAIT

Je me vant ais.
Tu te vant ais.
Il se vant ait.
Nous nous vant ions.
Vous vous vant iez.
Ils se vant aient.

PASSÉ DÉFINI

Je me vant ai.
Tu te vant as.
Il se vant a.
Nous nous vant âmes.
Vous vous vant âtes.
Ils se vant èrent.

PASSÉ INDÉFINI

Je me suis vant é.
Tu t'es vant é.
Il s'est vant é.
Nous nous sommes vant és.
Vous vous êtes vant és.
Ils se sont vant és.

PASSÉ ANTÉRIEUR

Je me fus vant é.
Tu te fus vant é.
Il se fut vant é.
Nous nous fûmes vant és.
Vous vous fûtes vant és.
Ils se furent vant és.

PLUS-QUE-PARFAIT

Je m'étais vant é.
Tu t'étais vant é.
Il s'était vant é.
Nous nous étions vant és.
Vous vous étiez vant és.
Ils s'étaient vant és.

FUTUR

Je me vanter ai.
Tu te vanter as.
Il se vanter a.
Nous nous vanter ons.
Vous vous vanter ez.
Ils se vanter ont.

FUTUR ANTÉRIEUR

Je me serai vant é.
Tu te seras vant é.
Il se sera vant é.
Nous nous serons vant és.
Vous vous serez vant és.
Ils se seront vant és.

Mode Conditionnel.

PRÉSENT OU FUTUR

Je me vanter ais.
Tu te vanter ais.
Il se vanter ait.
Nous nous vanter ions.
Vous vous vanter iez.
Ils se vanter aient.

PASSÉ (1re forme).

Je me serais vant é.
Tu te serais vant é.
Il se serait vant é.
Nous nous serions vant és.
Vous vous seriez vant és.
Ils se seraient vant és.

PASSÉ (2e forme).

Je me fusse vant é.
Tu te fusses vant é.
Il se fût vant é.
Nous nous fussions vant és.
Vous vous fussiez vant és.
Ils se fussent vant és.

Mode Impératif.

PRÉSENT OU FUTUR

Sing. 2e *pers.* Vante-toi.
Pl. 1re *p.* Vantons-nous.
— 2e *p.* Vantez-vous.

Mode Subjonctif.

PRÉSENT OU FUTUR

Que je me vant e.
Que tu te vant es.
Qu'il se vant e.
Que nous nous vant ions.
Que vous vous vant iez.
Qu'ils se vant ent.

IMPARFAIT

Que je me vant ass e.
Que tu te vant ass es.
Qu'il se vant ât.
Que nous nous vant ass ions.
Que vous vous vant ass iez.
Qu'ils se vant ass ent.

PASSÉ

Que je me sois vant é.
Que tu te sois vant é.
Qu'il se soit vant é.
Que nous nous soyons vant és.
Que vous vous soyez vant és.
Qu'ils se soient vant és.

PLUS-QUE-PARFAIT

Que je me fusse vant é.
Que tu te fusses vant é.
Qu'il se fût vant é.
Que nous nous fussions vant és.
Que vous vous fussiez vant és.
Qu'ils se fussent vant és.

Mode Infinitif.

PRÉSENT OU FUTUR

Se vant er.

PASSÉ

S'être vant é.

Mode Participe.

PRÉSENT

Se vant ant.

PASSÉ

S'étant vant é.

Conjuguer de même : Se flatter. — S'enorgueillir. — Se rafraîchir. — Se refroidir. — Se repentir. — Se rencontrer. — Se défendre. — S'étendre.

Conjugaison du verbe neutre **PART IR**.

Mode Indicatif.

PRÉSENT

Je par s.
Tu par s.
Il par t.
Nous part ons.
Vous part ez.
Ils part ent.

IMPARFAIT

Je part ais.
Tu part ais.
Il part ait.
Nous part ions.
Vous part iez.
Ils part aient.

PASSÉ DÉFINI

Je part is.
Tu part is.
Il part ît.
Nous part îmes.
Vous part îtes.
Ils part irent.

PASSÉ INDÉFINI

Je suis part i.
Tu es part i.
Il est part i.
Nous sommes part is.
Vous êtes part is.
Ils sont part is.

PASSÉ ANTÉRIEUR

Je fus part i.
Tu fus part i.
Il fut part i.
Nous fûmes part is.
Vous fûtes part is.
Ils furent part is.

PLUS-QUE-PARFAIT

J'étais part i.
Tu étais part i.
Il était part i.
Nous étions part is.
Vous étiez part is.
Ils étaient part is.

FUTUR

Je partir ai.
Tu partir as.
Il partir a.
Nous partir ons.
Vous partir ez.
Ils partir ont.

FUTUR ANTÉRIEUR

Je serai part i.
Tu seras part i.
Il sera part i.
Nous serons part is.
Vous serez part is.
Ils seront part is.

Mode Conditionnel.

PRÉSENT OU FUTUR

Je partir ais.
Tu partir ais.
Il partir ait.
Nous partir ions.
Vous partir iez.
Ils partir aient.

PASSÉ (1re forme).

Je serais part i.
Tu serais part i.
Il serait part i.
Nous serions part is.
Vous seriez part is.
Ils seraient part is.

PASSÉ (2e forme).

Je fusse part i.
Tu fusses part i.
Il fût part i.
Nous fussions part is.
Vous fussiez part is.
Ils fussent part is.

Mode Impératif.

PRÉSENT OU FUTUR

Sing. 2e *pers.* Par s.
Plur. 1re *pers.* Part ons.
— 2e *pers.* Part ez.

Mode Subjonctif.

PRÉSENT OU FUTUR

Que je part e.
Que tu part es.
Qu'il part e.
Que nous part ions.
Que vous part iez.
Qu'ils part ent.

IMPARFAIT

Que je part iss e.
Que tu part iss es.
Qu'il part ît.
Que nous part iss ions.
Que vous part iss iez.
Qu'ils part iss ent.

PASSÉ

Que je sois part i.
Que tu sois part i.
Qu'il soit part i.
Que nous soyons part is.
Que vous soyez part is.
Qu'ils soient part is.

PLUS-QUE-PARFAIT

Que je fusse part i.
Que tu fusses part i.
Qu'il fût part i.
Que nous fussions part is.
Que vous fussiez part is.
Qu'ils fussent part is.

Mode Infinitif.

PRÉSENT OU FUTUR

Part ir.

PASSÉ

Être part i.

Mode Participe.

PRÉSENT

Part ant.

PASSÉ

Part i, part ie.

Conjuguez de même : avec *Être :* Sortir. — Aller. — Tomber. — Arriver. — Mourir. — Venir. — Naître. — Monter. — Descendre.
Avec *Avoir :* Plaire. — Nuire. — Luire. — Succéder.

TABLE DES MATIÈRES

MORCEAUX CHOISIS EN VERS

Coulommiers. — Imp. PAUL BRODARD. — 784-1901.

COLLECTION ENFANTINE JEAN BEDEL

Lectures progressives. In-12, car-
tonné............................ » 60
...... In-12, cart........... » 50
... Mots français. In-12, car-
tonné............................ » 50
Arithmétique. In-12, cart... » 50

Géographie. Oblong, car....... » 75
Leçons de Choses. In-12, car-
tonné............................ » 50
Histoire de France. In-12, car-
tonné............................ » 50
Rédaction. In-12, cartonné.... » 50

GRAMMAIRE LARIVE ET FLEURY

L'Année préparatoire de Gram-
maire. In-12, cartonné....... » 60
Exercices français d'Année prépa-
ratoire. In-12, cartonné..... » 75
Dictées d'Année préparatoire.. » 75
L'Année préparatoire d'Etude des
Mots. In-12, cartonné....... » 75
La Première année de Grammaire.
In-12, cartonné.............. » 75
Exercices de Première année.. » 75
Dictées de Première année.... » 90

La Première année d'Etude des
Mots. In-12, cartonné......... 1 »
La Première année d'Analyse et de
Composition. In-12, cartonné... » 80
La Deuxième année de Grammaire.
In-12, cartonné.............. 1 25
Exercices de Deuxième année. 1 25
Dictées de Deuxième année... » 75
La Troisième année de Grammaire.
In-12, cartonné.............. 1 80
Exercices de Troisième année. 2 »

ARITHMÉTIQUE P. LEYSSENNE

L'Année préparatoire d'Arithmé-
tique. In-12, cartonné....... » 60
La Première année d'Arithmétique.
In-12, cartonné.............. » 80
Exercices et Problèmes de Première
année. In-12, cartonné....... » 75
La Deuxième année d'Arithmétique.
In-12, cartonné.............. 1 70
Exercices et Problèmes de Deuxième
année. In-12, cartonné....... » 80

La Troisième année d'Arithmé-
tique : 1ᵉʳ SEMESTRE, cart..... 1 75
— 2ᵉ SEMESTRE, cart........ 1 75
Problèmes de Troisième année. In-
12, cartonné................. 1 80
Traité d'Arithmétique. Br.. 4 »
Solutions raisonnées des Exercices et
Problèmes du Traité d'Arithmétique.
In-18 jésus, broché........... 4 »

HISTOIRE ERNEST LAVISSE

Récits et Entretiens familiers sur
l'Histoire de France. In-12, c.. » 60
La Nouvelle Année préparatoire
d'Histoire de France. In-12, c. » 60
La Nouvelle Première année d'Histoire de France. In-12, cart... 1 10
La Nouvelle Deuxième année
d'Histoire de France et d'Histoire
générale. In-12, cartonné..... 1 70
Histoire générale, cart..... 1 »

GÉOGRAPHIES-ATLAS P. FONCIN

L'Année préparatoire de Géogra-
phie. Oblong, cartonné....... » 75
La Première année de Géographie.
In-4°, cartonné.............. 1 50
La Deuxième année de Géographie.
In-4°, cartonné.............. 4 25

La Troisième année de Géographie.
In-4°, cartonné.............. 6 50
Géographie générale. In-4° carré,
112 cartes et cartons, rel. toile. 12 »
Géographie historique. In-4°. 6 »

ENSEIGNEMENT SCIENTIFIQUE PAUL BERT

L'Année préparatoire d'Enseignement scientifique (Sciences naturelles
et physiques). Cart........... » 75
La Première année d'Enseignement scientifique. Cart....... » 90

La Deuxième année d'Enseignement scientifique. Cart....... 1 50

LEÇONS DE CHOSES COLOMB

Leçons de Choses en 650 gravures,
par G. COLOMB. Cart......... 1 »

RÉCITATION J. BOITEL

La Récitation (de 6 à 9 ans), appli-
quée à l'Education. In-12, cart. » 75
La Récitation (de 9 à 12 ans), appli-
quée à l'Education. In-12, cart. 1 »

INSTRUCTION CIVIQUE LALOI

L'Année préparatoire d'Instruction
morale et civique. In-12, cart. » 75
La Première année d'Instruction
morale et civique. In-12, cart. » 90

Paris. — Imp. E. Capiomont et Cie, rue de Seine, 57.   (Nº 352)

BIBLIOTHEQUE NATIONALE DE FRANCE

3 7502 00935847 6

BIBLIOTHÈQUE NATIONALE

SERVICE PHOTOGRAPHIQUE

FIN

8° X 9088

en tier

R 107932

cd 15833   7   oc 71Volh

10 11   95

www.ingramcontent.com/pod-product-compliance
Lightning Source LLC
LaVergne TN
LVHW021147050726
842519LV00002B/533